TABLE OF CONTENTS

STRUCTURE

The new *Specific Skill Series for Reading* is a nonconsumable program designed to develop nine crucial reading comprehension skills: *Using Phonics/ Using Word Study, Getting the Main Idea, Finding Details, Comparing and Contrasting, Identifying Cause and Effect, Identifying Fact and Opinion, Drawing Conclusions, Sequencing,* and *Making Inferences.*

Each skill is developed through a series of books that spans ten levels (Picture Level, Preparatory Level, A, B, C, D, E, F, G, H). The Picture Level books are for students who have not acquired a basic sight vocabulary. The Preparatory Level books are for students who have developed a basic sight vocabulary but are not yet ready for books on the first-grade reading level. The A books are suitable for students on the first-grade reading level. Books B, C, D, E, F, G, and H are appropriate for students who can read material on levels two through eight, respectively.

The *Specific Skill Series for Reading* gives students specific and concentrated experiences in reading for different purposes. It provides practice material for students on ten different levels. Each reading comprehension skill has certain distinctive characteristics. Practice in any single skill helps only to a limited degree in improving the others. For example, reading for the main idea, while extremely important in itself, does not necessarily improve one's skill in drawing conclusions. Subtle techniques, specific to each skill, provide the rationale for the development of the series.

CONTENT

The material of the *Specific Skill Series for Reading* is, first, largely informative and factual. It is sometimes unusual, attracting and holding the student's interest. It provides an amazing fund of singular information. The passages themselves are sufficiently brief to hold students with the most restricted attention span yet diverse enough to appeal to students of varying ages, interests, and abilities.

THE NEW EDITION

The sixth edition of the *Specific Skill Series for Reading* maintains the quality and focus that have distinguished this program for more than 40 years. A key element central to the program's success has been the unique nature of the reading selections. Fiction and nonfiction pieces about current topics have been designed to stimulate the interest of students, motivating them to use the comprehension strategies they have learned to further their reading. To keep this important aspect of the program intact, a percentage of the reading selections has been replaced in order to ensure the continued relevance of the subject material.

SRA **Specific Skill Series**
for Reading

Teacher's Manual

Sixth Edition

Columbus, OH

The **McGraw·Hill** Companies

SRAonline.com

Copyright © 2006 by SRA/McGraw-Hill.

Printed in the United States of America.

Send all inquiries to:
SRA/McGraw-Hill
4400 Easton Commons
Columbus, OH 43219

ISBN: 0-07-603968-4

9 10 QLM 15 14 13

In addition, a significant percentage of the artwork in the program has been replaced to give the books a contemporary look. The cover photographs are designed to appeal to readers of all ages.

The reproducible blackline worksheets and a reduced version of the Class Record Sheet chart are incorporated into the back of this Teacher's Manual for further convenience and affordability.

GENERAL INFORMATION

The application and general use of the *Specific Skill Series for Reading* will, of course, vary with the teacher's philosophy, the class makeup, and the specific classroom situation. There are many approaches that prove effective.

A. Placement

Standardized reading tests are helpful in placing students at their proper levels. However, because such tests typically reflect a frustration score, it is advisable to place students at a level somewhat below the one indicated for them. An informal inventory can be used in determining student placement. If any doubt exists as to which level (letter) is appropriate, it is always best to begin with materials of lesser difficulty. Advancement to a higher level is always preferable to retrogression.

The actual test score on the first unit or two of any book is a very good indicator as to the appropriateness of the material. A score of less than 80 percent on these units indicates that the material is too difficult. It is important that a student meet with success at the outset.

B. Group/Individualized Approach

The wider the reading range within an individual class, the greater is the need for an individualized approach. When the reading range within a group is more narrow and the areas of need are more nearly identical, a group or whole-class approach is suggested.

Many teachers find that pairing of students of nearly identical skills is effective. (The more nearly identical in skill the students are, the more beneficial this activity is.) Each member of the pair should first complete a unit and record answers individually. Then the two may compare their answers, discuss them, and record their joint conclusions on a third worksheet. They should be prepared to justify their answers to the teacher and the class.

C. Book Use

The *Specific Skill Series for Reading* should not be used merely for students who need remedial assistance. The major purpose of the series is to increase proficiency in *all* of the nine areas for *all* students. Both average and advanced students will find challenge in working in the same skill areas on higher levels.

Obviously, the first skill introduced should be the one most needed. If the individual or class is equally deficient in all nine areas, it may be best to start with the more literal skills, such as *Getting the Main Idea.*

The **Specific Skill Series for Reading** is more effective if a single skill is stressed over a period of time than if a number of skills are practiced simultaneously. Intensive work in one skill area is more productive than mixed or occasional use.

The number and length of sessions will vary considerably. Many factors must be taken into account. Short, frequent practice sessions are much more effective than sustained ones. A minimum of one short practice period every other day and a maximum of two brief periods every day are suggested.

INTRODUCING THE SERIES IN THE CLASSROOM

For students to function most effectively in using the **Specific Skill Series for Reading,** it is necessary that procedures be introduced clearly and in detail.

Students must be made aware of the following:

A. One reads for different purposes, and there are specific skills and goals involved for each purpose. These should be discussed and analyzed at length, especially in relation to each other, before starting.

B. Each of the nine strands involves a *different* reading skill. The teacher should discuss and analyze the specific skill involved before proceeding with the book dealing with that skill. (How is this skill different from others? What is most important in developing this skill?)

C. The **Specific Skill Series for Reading** exercises provide practice and are *not* to be construed as tests. This is important. The books are designed to allow the student to improve a past record—not to compete with the achievements of peers. The uniform number of questions within each unit will encourage each student to gauge individual progress through the series. The teacher should make the students aware that the individual interest, knowledge, and background that one brings to each unit will influence both achievement and rate of progress. Fluctuation of scores is bound to result and should cause neither discouragement nor alarm.

D. There is no time limit for completion of a unit, a book, or the entire series. Students may proceed at their own pace. The primary concerns are accuracy and depth of understanding, not speed.

E. The books themselves should *not* be written in; blackline reproducible student worksheet masters for all skills on all levels are on pages 62–83 of this book. It must be emphasized to students that answers are to be recorded on worksheets *in capital letters, vertically.*

WORKING WITH THE SERIES

Actual procedures of use and work should be clear to all students.

A. It is often worthwhile for students themselves to predict how well they will do on any given unit. This increases student enthusiasm and heightens personal involvement and the quality of performance. Such predictions become increasingly accurate as students proceed in any specific skill area, thus adding even more to the students' sense of achievement and identification.

B. Students' individual and group reactions to units, books, and the entire series should be elicited and discussed informally. Their comments concerning content, believability, and personal experiences, for instance, add substantially to class interest and knowledge.

C. No matter whether an individual (or partner) approach or a larger group approach is used, it is essential for students to know how well they are doing. For this reason it is recommended that the units be scored as soon as they have been completed. The more immediate the scoring is, the more effective the results are.

Students should not return to any story until their answers have been recorded and scored. Then a discussion of their responses will have considerable value. Each possible answer may be discussed in terms of its acceptability. This requires students to justify their choices.

D. Frequent rereading of the passages will prove extremely beneficial, especially when errors have occurred. This will bring students to a close reexamination of their original responses and help them avoid repetitions of the same kind of erroneous thinking. They will profit from such self-analysis and correction.

E. Students should look upon their own errors not as mistakes but as opportunities for increasing their understanding and improving their reading, as well as for raising their scores. They should be encouraged to ask questions concerning their errors so that they will realize the source of their own difficulty.

USING THE LANGUAGE ACTIVITY PAGES

The eight *Language Activity Pages* (LAPs) in each ***Specific Skill*** book integrate the book's particular skill into the student's general language development. Two-page sets of these activities appear one-quarter, one-half, and three-quarters of the way through and at the end of each book (following units 6, 12, 19, and 25 in 25-unit books; following units 12, 24, 38, and 50 in 50-unit books). LAPs provide a variation on the multiple-choice format by giving students opportunities to use their own language and imaginations in both individual and group activities.

Each two-page set of LAPs extends the students' proficiency in the skill into related language areas: further **reading** (newspapers, research sources . . .), **speaking** and **listening** (storytelling, drama, interviews, oral presentations . . .), **writing** (journals, biographies, news stories, reviews, scripts, reports . . .), and critical **thinking** (analyzing, synthesizing, comparing, classifying, evaluating . . .). In some cases the activities are tied in with one or more preceding units; otherwise they are independent of any particular unit.

Every LAP set has four sections, each broadening the application of the skill further into the students' general language development:

A. Exercising Your Skill generally takes the student the first step from recognition (multiple-choice) to recall (supplying answers from one's own mind).

B. Expanding Your Skill generally asks the student to apply the skill in other contexts.

C. Exploring Language generally asks the student to generate words and ideas by using the skill.

D. Expressing Yourself allows the student to use the skill in creative or critical language activities, such as writing a dramatic scene or organizing information for a television newscast.

Utilizing the LAPs is limited only by the teacher's creative imagination. Here are a few suggestions. (1) Students who finish the units rapidly may do LAPs for enrichment. (2) The activities may serve as a motivating device, arousing interest in the skill and showing its importance outside the classroom. (3) Relevant activities may be integrated with other subjects, such as social studies or science. Of course, different students or groups may do different activities. (Some activities in a set may depend on the completion of previous ones.) Creative teachers may find in the LAPs ideas for further activities of their own design.

LAPs are not intended to be "marked" on any objective progress scale. Most activities are, in varying degrees, open-ended (thus there is no answer key). Teachers are free to evaluate student performance to any extent or in any form they judge appropriate.

As with other pages in *Specific Skill* books, students must be cautioned against writing on the actual LAP. Answer blanks have been shaded or kept short and tightly spaced to discourage writing. Students are to use their own paper for written activities. (There are no reproducible answer blanks for LAPs.)

SUGGESTED TEACHING TECHNIQUES
USING PHONICS/USING WORD STUDY

Using Phonics/Using Word Study is designed to assist students in putting sounds to work in attacking words. Putting both sounds and syllables to work is essential if students are to become independent readers. One cannot be expected to understand and react to written ideas before identifying the printed words meant to convey those ideas. *Using Phonics/Using Word Study* will help develop these word identification skills. Some of the units are designed to develop understanding of sound-symbol associations. Others are geared to give the reader many opportunities for immediate application of newly developed understandings and skills in realistic, functional settings.

The units are of two types: concept builders and functional exercises. The concept units are aimed at developing the understandings that underlie successful word identification experiences. The reader's attention is focused on the common patterns and parts of words. Each generalization is built step-by-step on the structure of previously formed concepts.

The functional exercises either follow the concept units or are contained within them. They provide the reader with many immediate and repeated experiences with words involving particular patterns or principles. The sentence settings are typical of the material at the level indicated by the letter on the cover. In many cases the choices offered are new words. Consequently, *Using Phonics* provides the opportunity for the reader to put sounds to work.

The *Using Word Study* books center on different word elements as the series progresses, yet there is reinforcement throughout. The *Using Phonics* books focus on elements such as consonants, consonant substitution, blends, phonograms, and vowel sounds. In the *Using Word Study* books, the emphasis shifts to syllabication, prefixes, suffixes, and roots.

Teachers will find that listening drills are of great value. Prior to encountering any word element in *Using Phonics,* it is essential that auditory practice takes place. Success on the auditory level makes for success on the visual level.

Minimal direction is required because the books in the *Using Phonics/ Using Word Study* strand offer patterned practice. Attention must be drawn, however, to the answer choices. In the concept units only two or three answer choices are offered. In the units that provide application of understandings, four to nine answer choices are offered. In units that offer six choices, the F stands for NONE. This means that none of the choices fits the contextual setting.

A unit-by-unit list of concepts developed on each level is found on page 64 of the book for that level.

GETTING THE MAIN IDEA

Identifying the central and most important idea of any passage is perhaps the most important and basic of all reading techniques. It is the primary study skill. Of course, in order to identify a central, or main, idea, the student must first understand what a main idea really is. As students mature, their concepts of the main idea will broaden and come more sharply into focus. They will increasingly come to realize the value of this skill.

The following suggestions may be of help in developing the skill of getting the main idea:

A. Topic Words: The meaning of *topic words*—words that indicate the substance of a passage—should be thoroughly explained. Students may be asked to locate topic words from brief passages. Questions should concern the topic and require a very brief answer. It will prove effective for the teacher to read the passage aloud and accent the topic word (or the pronoun referring to it) each time it is encountered. Topic words are essential in determining the topic and what is being said about the topic. On the Picture Level, the students should be encouraged to reexamine the picture for the clues that are the basis for the main idea.

B. Key Question Words: The study of the first word of a question aids immeasurably. Students should realize that questions often begin with the words *why, where, when, how, who,* and *what.* Complete understanding of such words is basic to a complete understanding of all aspects of the questions:

1. If most of a paragraph gives *reasons,* the students must know that the questions will often begin with *why.*

2. If a paragraph focuses on *location* or *position,* the question may begin with *where.*

3. If a paragraph is mostly concerned with *time,* the question may start with *when.*

4. If most of a paragraph explains the *way* or *method,* the question may begin with *how.*

5. If a paragraph centers on *people* or *a particular person,* the question will most often start with *who.*

6. If the word *what* is used at the beginning of key phrases, it may signify different things: *that which, how much, how,* or *anything that.* (Because of its many uses, *what* is of little value as an aid in understanding questions, and the main idea is dependent on other words.)

C. **Place Clues:** Recognizing and analyzing paragraph structure is of great help. Students should learn to expect that the main idea is most often stated in the first and/or last sentence. They should also realize that it is not *always* found in the first/last sentence and, indeed, that it may not be stated at all. They should practice determining the location of the main idea within the paragraph.

D. **Space Clues:** Students should realize that the amount of space devoted to a thought or idea within the paragraph is important—that the main idea is not necessarily limited to a single sentence, though it may be *stated* in one sentence. If the thought they have selected as an answer is found, however, only in a word or phrase, it is almost certainly *not* the main idea. Repeated practice in ascertaining how much of the paragraph relates to a particular point is extremely valuable.

E. **Turnabout Clues:** The ability to reword a statement as a question can be very helpful. If students think that the main idea is stated in one particular sentence, they should change that sentence into a question. Then, of course, they must ask themselves if the paragraph answers the question they have formed.

F. **General and Specific Ideas:** The ability to distinguish between general and specific ideas is, of course, an overall skill of tremendous value. It is especially valuable in locating the main idea of a passage. Students must understand that some words are more general and all-inclusive than others. For example, the realization that *penny* and *nickel* are specific examples of the more inclusive, general term *money* is essential. Practice with such word clusters is valuable. There should be many experiences provided in comparing sentences to determine which sentences embody specific ideas and which give general information.

Correcting Errors:

1. If students have chosen an answer naming characters not even mentioned in the passage, it is worthwhile to reread just the names contained in the passage.

2. If students have chosen an answer that is either in direct opposition to the central thought or not pertinent at all, they should be encouraged to tell the story in their own words.

3. If students select a detail or a subsidiary idea, they should be encouraged to find that idea in the story and to see how many sentences talk about it.

4. On the Picture Level, the students should be encouraged to reexamine the picture for the clues that are the basis for the main idea.

FINDING DETAILS

Finding Details was written to develop skill in recalling details *from a single reading.* Students must realize that there can be no "turning back" for an answer. The material is structured to prevent this; the story appears on one side of the page, the questions on the reverse. Readers must absorb as much as possible from one reading. The very realization that they may not return to the story will help them gain skill in *Finding Details.*

Finding Details varies in content. It is the intention to include stories that stretch the imagination, spark new hobbies, promote admiration for outstanding achievements, and develop a sense of wonder about our world.

Before the student begins these exercises, several factors should be stressed:

A. When attempting to recall details, the student will read at a rate somewhat slower than when reading for the central thought. This should be no cause for concern.

B. The student must make specific mental notes, especially when encountering a date, a name, an event, or a descriptive word. This mental note taking should become a habit.

C. The student must make a concentrated effort to visualize the text and to retain this visual image.

D. Reading for details requires precise recall.

COMPARING AND CONTRASTING

Comparing and Contrasting gives students practice organizing information in a selection by the ways that things are the same and different. This reading comprehension skill helps students more thoroughly recall and understand what they've read.

Comparing means explaining how two or more people or things are alike. For example, dogs can be compared because they are the same thing. Flowers can be compared for the same reason. However, you cannot compare a flower to a dog because they are not the same thing.

Contrasting means explaining how two or more people or things are different. Things that are not the same, like fossils and sharks, cannot be contrasted. Comparing and contrasting help readers visualize more about the people or things in a selection and make it more meaningful.

Some words give readers a signal that things are being compared. Words such as *both, same, like, as, just as, also, too, neither/nor, not only/but also,* and *resembles* can be used when making comparisons. When contrasting, words such as *different, but, unlike, than, although, instead of, rather than, whereas,* and *differs* might be used. Signal words don't have to be used, but they can be helpful when comparing and contrasting.

These paragraphs show how to write with and without signal words.

> **Just as** soccer is a popular sport, so is football. **Like** soccer, football is played on a large field. **Both** sports use a ball. **Although** soccer may be played indoors or outdoors, football is almost always played outdoors. The football field is **different** from the soccer field because it is marked with lines called "yard lines." A goal in soccer is worth one point, **whereas** a touchdown in football is worth six points. At the ends of the football field, there are goalposts **instead of** nets, which are used in soccer.

> Soccer and football are sports in which two teams compete against one another. Soccer players and football players wear team uniforms. Soccer uniforms consist of light clothing, with shin guards as the only protective equipment. Football uniforms include heavy padding for the shoulders, hips, and thighs and a helmet to protect the players' heads.

IDENTIFYING CAUSE AND EFFECT

Identifying Cause and Effect is designed to help develop the important skill of identifying causes of events and probable outcomes, or effects. This skill can help good readers anticipate the events to come in the reading selection. *Identifying Cause and Effect* requires the students to analyze information and determine an effect, or something that happens, and its relationship to the cause, or the reason it happened.

Students might write about one cause leading to several effects, or several causes that result in one effect. In either case, presenting the cause or causes first followed by the effect or effects is the logical way to organize this kind of writing. Writers can use signal words such as *since, because, therefore,* and *so* to point out to readers the connection between causes and effects.

The first paragraph that follows explains several effects resulting from one cause. The second paragraph explains how several causes result in one effect.

> The lack of oxygen at high elevations on Mt. Everest has resulted in both mental and physical challenges for climbers. Many climbers have described an inability to think clearly. They are able to answer questions correctly, but it takes them much longer to process information. This condition is made worse by their inability to achieve a deep sleep. Other physical effects that climbers experience include loss of coordination and speech, severe headache, and double vision.

> The climbers found themselves trapped in a violent storm. They struggled against temperatures as low as −40 degrees Fahrenheit and winds as strong as 125 miles per hour. Their tent was torn, and they were extremely hungry. Because they faced so many obstacles, the crew was forced to pack up and return to their base camp.

IDENTIFYING FACT AND OPINION

Identifying Fact and Opinion is designed to help develop the important skill of understanding and recognizing the difference between facts and opinions. *Identifying Fact and Opinion* requires students to analyze information and determine whether it can be researched and proved or if it is a feeling or belief.

The selections in this book contain facts and opinions. A fact is something that is true and can be checked in a reference source. The following statements are facts:

The Goliath birdeater is the largest spider in the world.

The ninth president of the United States died a month after taking office.

All of Asia lies west of the international date line.

Readers read more slowly and carefully when reading for facts. The answers to questions such as *Who? What? Where?* and *When?* give the reader facts from the selection. Some transition words that signal facts include *as a matter of fact, in fact,* and *to be exact.*

An opinion is a feeling, idea, or belief. An opinion cannot be checked in a reference source. Sometimes opinions begin with clue words such as *I believe, I think,* or *in my opinion.* The following statements are opinions:

I think running a marathon is a terrific accomplishment.

Snowboarding is the most exciting sport.

In this book are articles on many different subjects that give both facts and opinions. Encourage students to keep in mind the differences between facts and opinions as they read and answer questions.

DRAWING CONCLUSIONS

Drawing Conclusions is designed to help develop the all-important ability to interpret and draw conclusions logically. The series will aid students in looking beyond the word itself—to go beyond mere factual recall. The student is asked to choose the correct conclusion *based only on the information presented.*

The questions in the *Drawing Conclusions* series do not contain direct references; thus the answers do not use the same words as the questions. In the Picture Level book, the readers examine the picture for the correct answer. The books at the Preparatory, A, and B levels contain primarily indirect references; that is, the answers are found in the paragraph but with slightly different wording. Some easy conclusions are also included. In such cases the answers are not contained directly in the paragraph, but they can be determined without difficulty. As the books advance in challenge, there are more difficult conclusions involving less evident relationships. The conclusions are also more dependent upon qualifying words such as *mostly, all, some,* and *only.*

In *Drawing Conclusions* the student is asked to

A. find an *example* or *illustration.*

B. note a *contrast.*

C. *generalize.*

D. recognize *cause-and-effect* relationships.

E. detect a *mood.*

F. see an *analogy.*

G. identify *time and place* relationships.

H. make a *comparison.*

I. anticipate an *outcome.*

Needless to say, the students should be thoroughly familiar with the ideas and principles each of these concepts embodies.

It is important that the teacher ask students to find in the paragraph the specific information that is relevant to the tentative conclusion. Then the conclusion must be tested against the information provided. When the emphasis is placed on finding evidence to prove answers and when the students put themselves in roles of detectives, not only does their ability to draw conclusions rapidly improve but they also have fun.

A conclusion is a judgment, and, as such, it must be supported by the strongest evidence possible. In *Drawing Conclusions* the correct answer is the one that is either certain or nearly so, depending, of course, on the information provided and the choices offered.

Some alternate answer choices may be true. Students must know that the correct answer must not only be true but also must be *supported by evidence from the paragraph.* The clue may involve a single word, phrase, or sentence. In some cases the entire paragraph itself must be considered supportive evidence.

SEQUENCING

Sequencing has been designed to help improve students' skills in identifying the sequence of events within a reading selection. In this series, the variety of questions helps develop students' understanding of multiple ways of expressing time relationships. Questions are text-dependent rather than picture-dependent.

Students should be reminded to note key time-relation words and expressions as they read. Those they already know, such as *while, before,* and *after,* should be reviewed for meaning. Those that may be new or denote more complex relationships, such as *since* and *meanwhile,* need to be made clear—as do expressions such as *even as this was occurring* . . . Special note should be made of reversed time order in sentences such as *The fire started after the train arrived,* where the second-mentioned action (the train's arrival) happens before the first-mentioned one. On the intermediate level, the function of the past perfect tense should be explained, as in *Juliette Low thought about the Girl Guides she* **had** *led in London.* The use of *had* as an auxiliary verb signals an event that took place further in the past than another event mentioned: Juliette Low did the leading before she did the thinking.

A helpful activity is to have students make a chart of the various time relationships and to fill in all the words or expressions they can think of under each heading. A basic chart can have three headings: **Earlier Time, Same Time, Later Time.** On higher levels other headings can be added, such as **From Earlier Time to Now.**

Sequencing helps develop sequence skills through three general types of questions: (1) those that focus directly on when an event happened; (2) those that focus on which of several events happened first (or last) among the events mentioned; and (3) those that focus on whether a particular event happened before, at the same time as, or after another. The teacher should make clear to students that a question reading "Which happened first (last)?" means "Which happened before (after) any of the *other answer choices*?" (not "Which happened first [last] in the *entire reading selection?*").

Answering questions in *Sequencing* involves more than just reading for facts. Most questions require students to establish the time relationships between two separately stated ideas by utilizing time clues in the text (except in Picture Level).

In doing each unit on all levels above the Picture Level, students should first read the selection carefully. At the end of each statement they should try to form a picture in their minds so that they will clearly understand what happened first, second, and so forth. As they read, students should look for key words that serve as sequence clues, such as *then, before, since, finally, later, while, when,* and *now.* After finishing the selection, students should review it mentally. Without looking at the selection, they should be able to recall the sequence in which events occurred. If they cannot do this, they should reread the selection. Students should then answer the questions on their worksheets. In answering, students may look at the selection as often as necessary.

Each unit in the Picture Level book consists of two pictures illustrating a sequence of events. The students are to examine each picture and determine which event happened first.

Each unit in the Preparatory Level book consists of a picture, a short story, and one question. The answer to the question "What happened first?" is found in the short story. The purpose of the picture is to arouse interest in the unit, not to provide the answer to the question.

MAKING INFERENCES

Making Inferences is designed to develop one of the most difficult interpretive skills—to arrive at a *probable* conclusion from a limited amount of information. *Making Inferences* requires the readers to *read between the lines.* They must utilize previously acquired knowledge and past experiences in order to fully comprehend the message of the text.

In *Making Inferences,* the exercises in Picture Level through Level B require students to determine if statements following the exercises are inferences. The exercises in Levels C through H require students to determine if the statements are true statements, false statements, or inferences. The difficulty of the exercises increases at each higher level because of the concepts involved, the vocabulary, and the experiential background required for comprehension.

The difference between a conclusion and an inference, as presented in this series, is that a conclusion is a logical deduction based upon conclusive evidence, while an inference is an "educated guess" based upon evidence that is less than conclusive. Read this example:

> Captain Fujihara quickly parked his fire truck, grabbed his helmet, and rushed into the house at 615 Oak Street.

You can *conclude* that Captain Fujihara knows how to drive because that ability was required to park the fire truck. You can *infer* that there is a fire at 615 Oak Street because he grabbed his helmet and rushed into that house. This is an inference because firefighters do rush to people's homes. It is an inference because there may be another reason for Captain Fujihara's rushing to the house. He may live there and be late for supper. Thus an inference is supported by evidence, but the evidence is not necessarily conclusive.

Answer Keys

UNITS

	1	2	3	4	5	6	7	8	9	10	11	12	13	14	15	16	17	18	19	20	21	22	23	24	25	
1	3	4	1	2	3	4	2	4	1	2	3	1	3	2	4	1	3	1	4	2	1	2	4	4	3	1
2	2	1	4	3	1	1	3	3	2	4	1	4	2	3	3	4	1	3	2	4	2	3	1	3	2	2
3	1	2	3	4	4	2	1	2	4	3	2	3	4	1	1	2	4	2	1	3	4	4	3	1	4	3
4	4	3	2	1	2	3	4	1	3	1	4	2	1	4	2	3	2	4	3	1	3	1	2	2	1	4

	26	27	28	29	30	31	32	33	34	35	36	37	38	39	40	41	42	43	44	45	46	47	48	49	50	
1	2	1	4	3	2	1	4	2	4	2	1	4	3	4	3	2	1	4	3	2	4	4	1	2	3	1
2	4	3	2	1	4	3	1	4	3	1	4	2	1	2	1	4	2	3	4	3	1	2	3	4	1	2
3	1	4	3	2	1	4	2	3	2	4	2	3	4	1	2	3	4	1	2	1	3	1	2	3	2	3
4	3	2	1	4	3	2	3	1	1	3	3	1	2	3	4	1	3	2	1	4	2	3	4	1	4	4

UNITS

	1	2	3	4	5	6	7	8	9	10	11	12	13	14	15	16	17	18	19	20	21	22	23	24	25	
1	3	2	1	4	2	3	2	4	3	1	2	1	2	3	4	2	3	4	1	3	2	3	1	4	2	1
2	2	1	3	2	1	4	1	2	4	2	3	4	4	2	1	4	2	3	4	1	4	4	2	3	1	2
3	4	4	2	1	4	1	3	1	2	4	1	3	1	4	2	3	1	2	3	4	1	2	4	1	3	3
4	1	3	4	3	3	2	4	3	1	3	4	2	3	1	3	1	4	1	2	2	3	1	3	2	4	4

	26	27	28	29	30	31	32	33	34	35	36	37	38	39	40	41	42	43	44	45	46	47	48	49	50	
1	1	3	2	2	4	3	1	2	3	1	4	2	3	1	4	2	3	2	1	4	3	2	1	4	3	1
2	4	4	1	4	3	2	4	3	1	4	2	4	1	3	1	4	1	1	3	2	4	3	4	1	2	2
3	2	2	3	1	2	1	3	4	4	2	1	3	4	2	2	3	4	3	4	1	2	1	3	2	4	3
4	3	1	4	3	1	4	2	1	2	3	3	1	2	4	3	1	2	4	2	3	1	4	2	3	1	4

UNITS

	1	2	3	4	5	6	7	8	9	10	11	12	13	14	15	16	17	18	19	20	21	22	23	24	25	
1	2	2	9	9	8	9	1	4	7	4	3	2	1	4	2	4	6	8	8	7	4	5	7	4	3	1
2	8	8	5	1	4	1	7	6	5	8	7	5	4	6	3	8	8	5	9	8	3	1	1	8	9	2
3	9	4	2	8	6	4	6	1	4	2	2	3	8	7	1	9	3	3	3	4	5	9	8	9	1	3
4	6	7	8	3	2	8	2	3	6	7	5	8	6	9	5	3	7	7	2	9	7	3	6	7	6	4
5	4	1	6	5	3	2	4	8	1	6	8	4	5	8	4	5	4	2	5	2	6	4	3	3	7	5
6	5	3	7	7	9	7	5	7	3	1	1	1	2	5	6	6	1	1	4	1	1	2	5	1	8	6

UNITS

	26	27	28	29	30	31	32	33	34	35	36	37	38	39	40	41	42	43	44	45	46	47	48	49	50	
1	8	2	6	3	B	A	B	B	B	A	B	B	A	B	A	B	A	B	A	B	A	A	A	A	A	1
2	1	6	3	1	A	A	A	A	B	C	A	A	B	B	B	A	A	B	A	A	B	B	B	B	A	2
3	9	1	7	5	B	B	A	B	A	A	B	A	A	A	B	A	A	A	B	B	B	B	A	A	B	3
4	4	4	1	4	A	A	A	B	A	A	A	B	B	A	A	B	B	B	A	B	B	B	B	B	A	4
5	3	7	5	2	A	B	A	B	A	A	B	B	B	A	B	A	B	A	B	A	A	A	B	A	B	5
6	6	3	9	6	B	A	B	B	B	C	C	A	A	A	B	A	B	A	A	B	B	A	A	A	A	6

USING PHONICS

UNITS

	1	2	3	4	5	6	7	8	9	10	11	12	13	14	15	16	17	18	19	20	21	22	23	24	25	
1	5	1	4	6	8	B	C	A	B	A	A	C	B	B	3	3	8	7	8	7	3	1	5	A	B	1
2	3	7	3	5	1	C	A	C	C	B	B	C	C	C	6	5	7	6	7	3	4	7	2	B	A	2
3	9	5	9	7	9	A	C	C	B	B	A	B	B	C	4	6	3	9	1	5	1	4	8	B	A	3
4	2	3	5	9	3	C	C	C	B	C	C	B	A	A	9	4	1	2	3	8	8	8	3	A	B	4
5	8	6	6	8	5	C	C	C	A	B	B	B	B	A	8	2	2	1	4	9	6	3	4	A	A	5
6	7	2	7	2	7	C	B	B	C	A	B	B	A	C	5	9	4	8	9	4	2	9	6	B	C	6
7	1	4	2	1	4	B	A	A	B	C	A	C	C	A	1	7	5	5	6	2	9	2	7	A	A	7

USING PHONICS

UNITS

	26	27	28	29	30	31	32	33	34	35	36	37	38	39	40	41	42	43	44	45	46	47	48	49	50	
1	C	A	A	C	4	C	B	A	4	B	B	B	C	6	A	B	6	C	A	A	6	A	A	B	A	1
2	A	C	A	B	1	C	B	B	7	C	A	C	A	9	C	A	7	B	C	B	1	B	B	B	A	2
3	A	C	C	C	2	B	A	B	1	A	B	C	C	5	B	B	1	C	A	B	2	B	A	A	B	3
4	B	A	C	C	9	A	A	B	2	A	B	A	B	2	C	B	2	A	B	B	3	B	B	A	A	4
5	A	C	A	A	8	C	A	A	9	C	B	A	A	3	C	B	4	C	C	B	7	B	B	A	A	5
6	C	C	C	C	7	C	A	B	3	A	A	A	A	7	A	A	9	A	C	B	4	A	B	B	A	6
7	A	B	A	A	3	C	A	B	5	B	A	A	A	8	B	B	8	C	B	A	9	A	A	A	B	7

23

UNITS

	1	2	3	4	5	6	7	8	9	10	11	12	13	14	15	16	17	18	19	20	21	22	23	24	25	
1	C	B	E	D	D	E	C	C	A	D	B	C	E	C	E	E	C	C	C	B	D	A	C	C	C	1
2	A	C	D	C	F	F	D	E	A	E	B	F	D	D	E	B	D	A	D	F	C	C	B	D	D	2
3	A	A	F	F	F	C	F	F	B	D	C	E	B	C	D	A	E	D	F	C	F	E	A	B	E	3
4	B	B	C	F	E	D	B	D	A	F	B	B	A	D	C	F	F	E	B	E	D	B	B	F	E	4
5	C	A	B	E	C	C	F	D	B	E	A	F	F	D	F	E	D	B	E	E	E	A	A	E	A	5
6	A	B	F	E	B	F	E	B	C	F	A	C	A	D	B	B	A	A	E	D	F	F	A	A	F	6
7	C	B	E	D	D	B	F	F	A	C	B	A	C	E	B	E	F	B	D	D	A	B	E	C	E	7
8	B	A	C	E	D	E	E	A	A	B	B	C	D	B	C	B	D	A	D	D	C	A	A	D	F	8
9	B	A	B	D	B	F	E	F	C	C	C	F	F	B	F	F	B	C	E	C	B	A	C	B	F	9
10	B	A	E	E	D	D	E	D	B	E	A	D	E	F	A	F	C	F	B	D	B	E	F	F	F	10

UNITS

	26	27	28	29	30	31	32	33	34	35	36	37	38	39	40	41	42	43	44	45	46	47	48	49	50	
1	A	B	E	B	B	B	B	A	A	A	C	B	C	C	E	B	B	C	A	E	B	E	B	B	B	1
2	C	D	C	C	B	C	A	C	B	B	B	A	A	C	A	C	A	B	B	B	C	C	A	A	C	2
3	C	E	F	B	A	B	C	C	A	C	A	C	A	C	F	B	B	B	C	D	C	C	A	A	D	3
4	C	A	B	A	C	A	B	E	A	A	C	A	A	B	C	C	A	E	A	D	D	E	C	B	F	4
5	B	D	F	C	A	B	A	A	B	B	C	B	B	B	A	A	B	D	B	A	E	A	A	C	E	5
6	A	B	F	C	A	A	C	F	C	C	A	A	C	C	B	B	A	B	C	A	C	E	B	B	D	6
7	E	B	D	A	A	A	B	F	A	C	A	C	A	A	C	C	A	A	B	C	C	C	A	A	B	7
8	F	A	A	C	A	B	B	C	C	A	C	B	B	E	B	C	B	E	A	C	B	A	B	C	C	8
9	F	F	F	B	B	A	B	F	A	C	A	A	C	D	C	A	A	B	A	C	C	B	A	A	F	9
10	B	A	A	B	A	C	C	C	A	B	B	B	A	F	C	B	A	B	C	D	A	F	C	B	C	10

UNITS

	1	2	3	4	5	6	7	8	9	10	11	12	13	14	15	16	17	18	19	20	21	22	23	24	25	
1	A	A	B	A	C	F	A	E	E	A	C	D	C	B	D	C	B	B	B	D	A	C	C	C	B	1
2	C	B	C	C	B	A	C	D	D	B	B	A	B	A	A	B	C	B	A	B	A	B	B	B	A	2
3	A	B	B	C	C	D	B	E	B	D	B	D	E	B	D	C	A	B	C	D	B	B	A	A	C	3
4	B	C	A	C	B	F	E	D	C	F	C	B	A	C	E	B	A	B	C	B	A	B	B	A	C	4
5	C	B	A	D	E	D	E	E	E	A	B	E	D	C	E	A	B	C	A	D	B	B	B	A	B	5
6	B	B	A	D	C	B	D	F	C	B	C	D	C	B	D	C	C	C	B	D	A	B	B	A	B	6
7	B	A	A	F	D	D	C	E	D	E	F	E	B	B	D	B	A	B	C	C	A	B	A	C	C	7
8	C	B	B	F	F	F	B	D	E	C	A	A	B	C	E	A	B	C	A	E	C	B	C	B	B	8
9	A	A	A	C	F	D	F	A	C	E	D	C	C	B	D	C	A	A	B	E	A	B	A	B	B	9
10	B	B	B	F	D	C	A	E	B	E	D	C	B	C	E	B	B	C	B	D	C	A	A	A	A	10

USING WORD STUDY   Answer Key—Book D

UNITS

	26	27	28	29	30	31	32	33	34	35	36	37	38	39	40	41	42	43	44	45	46	47	48	49	50	
1	B	D	D	E	B	B	B	B	E	B	B	C	C	B	C	A	A	B	B	A	A	A	C	A	E	1
2	D	E	E	B	A	C	F	C	B	A	B	C	A	C	C	C	C	E	B	C	C	D	D	C	A	2
3	E	B	E	C	A	B	A	C	E	B	A	D	B	B	C	B	B	A	A	C	A	C	C	A	B	3
4	F	F	D	A	A	B	B	A	A	B	B	B	C	A	C	C	A	B	B	A	A	E	C	D	D	4
5	A	F	B	B	A	A	A	E	B	C	C	C	A	A	C	E	B	A	A	A	C	A	A	F		5
6	E	F	C	A	B	C	E	B	A	A	C	C	B	C	B	C	A	C	A	A	B	E	D	D	A	6
7	C	A	B	A	B	A	B	B	B	A	A	D	C	A	C	C	B	C	A	B	A	B	A	B	B	7
8	E	D	F	D	A	C	D	A	E	C	B	D	B	C	B	C	E	B	A	B	A	C	E	B	C	8
9	C	C	A	C	C	B	B	C	C	C	B	B	B	C	B	B	E	D	B	B	A	C	B	A	F	9
10	F	E	C	F	B	A	A	A	E	C	C	C	A	A	A	A	D	A	C	B	F	D	D	D		10

UNITS

	1	2	3	4	5	6	7	8	9	10	11	12	13	14	15	16	17	18	19	20	21	22	23	24	25	
1	B	B	A	B	F	B	C	B	C	C	C	A	B	C	B	B	B	A	A	B	E	F	B	B	C	1
2	C	C	F	D	E	C	D	B	C	C	A	F	A	A	C	C	B	B	A	A	B	B	A	A	A	2
3	E	B	D	F	B	C	E	A	C	C	B	B	C	B	A	B	B	A	C	C	A	C	C	B	A	3
4	E	E	E	A	C	B	B	B	B	B	B	A	B	A	C	B	C	B	C	A	B	E	C	A	D	4
5	A	B	F	E	D	C	A	B	C	C	A	C	B	A	A	B	C	A	B	B	B	C	B	C	F	5
6	A	B	A	C	C	A	F	C	B	C	F	B	B	B	B	B	C	A	C	B	A	E	C	B	E	6
7	E	D	C	E	A	B	B	A	C	C	B	A	C	B	B	C	A	C	C	B	A	F	B	C	A	7
8	A	E	B	D	B	B	F	B	A	A	D	A	C	A	A	B	C	A	C	C	E	D	C	A	F	8
9	C	E	E	F	D	A	A	B	B	A	C	A	A	C	A	C	A	A	A	B	D	D	A	A	C	9
10	B	D	C	B	B	C	A	C	A	A	E	E	C	A	B	C	C	B	C	C	E	D	C	B	A	10

USING WORD STUDY — Answer Key—Book E

UNITS

	26	27	28	29	30	31	32	33	34	35	36	37	38	39	40	41	42	43	44	45	46	47	48	49	50	
1	B	D	C	A	A	C	A	A	B	B	B	B	A	C	A	B	C	B	B	A	B	B	C	B	C	1
2	B	C	B	C	B	B	A	C	C	C	C	B	B	A	A	A	A	A	C	C	C	A	B	C		2
3	C	C	C	B	B	F	C	A	B	C	A	A	A	C	C	A	B	C	C	B	B	A	C	B	B	3
4	B	B	A	A	B	E	B	C	C	C	C	B	A	C	A	B	B	A	A	C	A	B	B	A	B	4
5	C	B	A	C	B	B	A	A	C	C	A	C	A	C	B	A	C	C	A	C	A	C	C	C	B	5
6	B	A	B	B	A	D	B	B	B	B	A	A	B	A	A	C	C	C	A	A	C	B	A	C	C	6
7	A	E	A	A	A	E	A	B	C	B	A	A	B	C	B	B	A	B	B	A	A	A	A	B	C	7
8	C	C	A	A	B	D	C	C	C	C	B	B	A	C	B	A	B	C	B	B	A	A	B	A	C	8
9	B	C	C	B	A	B	A	C	C	C	C	B	A	C	C	C	A	A	A	C	B	C	B	B	A	9
10	A	E	A	A	B	C	B	B	A	B	A	B	A	B	B	B	C	B	C	A	B	A	A	B	B	10

UNITS

	1	2	3	4	5	6	7	8	9	10	11	12	13	14	15	16	17	18	19	20	21	22	23	24	25	
1	B	A	A	A	A	B	A	A	A	A	A	A	A	B	A	B	B	B	A	A	C	C	B	C	D	1
2	A	B	B	A	A	A	B	A	A	A	B	C	C	B	A	A	C	B	A	B	C	A	B	C	A	2
3	B	C	B	A	B	B	A	A	A	A	A	A	A	A	B	B	A	A	B	C	A	A	C	C	A	3
4	C	A	C	A	B	C	A	A	B	C	C	B	B	B	B	A	B	B	C	C	C	B	A	D	B	4
5	B	C	A	A	B	B	B	A	B	C	B	B	A	B	B	B	C	A	B	A	A	A	A	E	A	5
6	B	B	A	B	B	A	A	B	A	A	A	B	A	A	B	A	A	B	B	B	A	C	C	C	A	6
7	A	B	B	B	C	C	B	A	A	A	A	C	C	A	B	A	B	B	B	B	A	C	C	A	A	7
8	B	C	A	B	A	B	B	B	A	C	A	A	B	B	A	B	C	B	B	A	C	C	A	C	B	8
9	A	B	A	A	C	A	A	C	A	B	C	B	B	A	B	B	B	B	A	A	B	A	B	E	A	9
10	A	B	C	A	C	B	C	A	B	B	B	B	B	B	B	A	B	A	C	C	A	A	A	F	C	10

UNITS

	26	27	28	29	30	31	32	33	34	35	36	37	38	39	40	41	42	43	44	45	46	47	48	49	50	
1	B	A	A	A	B	A	A	B	B	B	A	B	A	B	B	B	B	B	B	B	C	C	C	C	A	1
2	B	A	B	A	B	A	B	A	A	A	A	A	B	A	B	A	C	B	B	B	C	A	A	A	B	2
3	A	A	A	B	B	B	B	A	A	C	B	B	B	A	B	A	B	B	B	B	A	A	A	B	B	3
4	B	A	B	B	A	B	C	A	A	B	A	A	B	B	C	C	B	A	B	A	C	C	C	C	B	4
5	A	B	C	B	A	A	C	A	A	B	B	A	B	C	B	B	A	B	A	B	A	A	A	C	B	5
6	B	A	B	A	A	A	B	B	A	A	A	B	A	B	B	B	C	A	C	C	A	B	B	B	A	6
7	A	B	B	B	A	A	B	A	B	B	B	B	B	C	A	A	A	C	C	B	A	B	B	C	A	7
8	C	A	C	C	B	A	B	C	C	C	A	B	B	A	C	A	A	A	B	B	A	A	B	A	A	8
9	A	C	A	A	B	C	B	B	A	A	C	C	C	A	A	A	B	B	B	C	A	C	B	B	A	9
10	A	A	A	A	A	A	B	B	A	A	A	A	A	A	A	C	A	A	B	B	B	A	A	A	B	10

UNITS

	1	2	3	4	5	6	7	8	9	10	11	12	13	14	15	16	17	18	19	20	21	22	23	24	25	
1	C	B	B	C	C	B	C	B	B	C	B	C	B	C	B	B	B	B	B	C	A	B	A	A	B	1
2	B	A	C	B	A	C	B	A	C	A	B	B	A	B	A	B	A	C	A	A	C	C	C	C	A	2
3	C	C	B	B	C	B	B	C	B	C	C	A	C	C	A	A	B	A	B	B	C	A	A	B	B	3
4	B	A	A	C	A	A	A	C	A	B	B	B	A	A	B	B	C	C	C	C	A	B	B	A	C	4
5	B	A	C	C	A	C	C	C	C	A	B	B	A	A	A	B	A	A	B	B	C	B	B	B	B	5
6	B	B	C	C	B	A	B	B	A	B	A	B	A	C	B	B	B	B	B	C	A	A	C	A	A	6
7	C	C	B	B	A	B	C	C	B	A	B	A	C	C	B	C	C	C	B	B	C	B	B	C	C	7
8	B	A	B	A	C	A	A	C	C	C	A	C	A	C	C	B	B	C	B	C	B	C	B	B	C	8
9	C	B	B	C	B	C	C	A	B	A	A	B	A	A	A	C	A	A	A	C	B	B	C	B	B	9
10	B	A	B	C	B	A	B	C	A	C	A	B	A	B	A	B	B	B	B	C	C	A	A	B	A	10

USING WORD STUDY   Answer Key—Book G

UNITS

	26	27	28	29	30	31	32	33	34	35	36	37	38	39	40	41	42	43	44	45	46	47	48	49	50	
1	C	C	A	C	B	A	C	C	B	B	B	A	C	A	B	B	A	C	C	C	A	B	C	B	C	1
2	A	B	B	A	A	C	C	B	C	B	C	A	A	B	B	B	C	A	C	B	B	A	A	B	C	2
3	A	A	B	C	C	B	C	C	A	A	C	B	C	A	B	C	A	B	B	A	A	B	A	C	B	3
4	A	B	A	C	C	B	B	B	B	A	A	C	B	A	A	C	B	C	B	A	A	A	C	A	A	4
5	C	B	A	C	A	A	A	A	C	A	A	A	C	C	A	C	A	C	B	C	A	A	B	B	C	5
6	C	B	C	C	C	A	C	A	C	C	B	A	B	C	B	C	B	C	B	B	B	A	B	C	C	6
7	B	A	C	C	B	B	B	C	A	B	B	C	C	B	A	C	B	B	A	A	A	C	C	C	B	7
8	B	B	B	A	A	B	A	A	B	A	B	A	A	A	C	A	A	C	B	C	B	C	B	A	C	8
9	B	A	C	C	B	C	C	C	A	B	A	B	B	C	C	B	C	A	A	B	C	B	A	B	A	9
10	A	B	C	A	B	A	A	A	A	C	B	A	A	B	A	A	B	A	A	A	A	B	B	A	B	10

UNITS

	1	2	3	4	5	6	7	8	9	10	11	12	13	14	15	16	17	18	19	20	21	22	23	24	25	
1	B	A	B	C	B	C	C	B	B	A	B	A	B	C	A	C	C	A	A	B	A	B	C	C	A	1
2	C	C	B	C	C	A	B	A	C	B	C	B	A	A	B	A	B	C	C	B	C	A	C	A	B	2
3	A	B	C	C	A	B	C	C	A	B	A	B	C	A	C	A	A	B	B	C	B	C	A	C	C	3
4	B	C	C	C	C	B	C	B	B	C	C	C	A	B	A	B	B	C	B	B	C	A	B	C	B	4
5	A	C	C	B	A	B	B	B	A	B	B	C	B	C	A	B	B	B	B	B	A	C	C	B	C	5
6	C	A	B	C	B	C	A	C	A	C	C	C	B	C	B	B	A	B	B	B	B	B	B	B	A	6
7	C	B	A	C	B	A	B	C	B	C	A	C	B	B	B	C	B	A	A	B	C	A	A	C	B	7
8	C	C	C	B	A	C	C	A	B	C	C	A	A	A	B	B	C	B	C	B	C	B	C	A	C	8
9	C	B	B	C	C	C	B	B	B	C	A	B	B	A	B	C	B	C	B	B	C	C	B	A	A	9
10	B	C	C	C	C	C	C	B	C	C	A	B	B	B	B	C	B	C	A	B	B	A	C	B	C	10

UNITS

	26	27	28	29	30	31	32	33	34	35	36	37	38	39	40	41	42	43	44	45	46	47	48	49	50	
1	C	B	C	B	A	C	C	C	B	B	A	B	A	C	A	A	A	C	B	C	A	C	C	C	C	1
2	C	A	A	C	B	C	A	A	C	C	A	C	A	C	A	B	C	B	C	A	B	A	B	A	C	2
3	B	C	B	A	B	A	B	C	B	C	B	B	B	B	A	C	C	A	C	B	B	C	C	A	A	3
4	A	B	C	B	C	C	C	A	B	A	C	A	B	C	C	A	B	B	B	A	A	B	B	A	B	4
5	B	C	C	B	A	A	A	C	C	B	A	B	A	A	C	B	A	A	C	A	C	C	A	C	C	5
6	C	B	A	A	A	B	C	A	B	A	C	B	C	B	A	A	A	B	A	B	C	C	C	B	B	6
7	C	B	B	B	A	C	A	B	C	B	A	B	B	A	A	C	B	C	C	C	A	A	C	A	C	7
8	C	B	B	C	C	A	A	C	B	C	B	A	C	C	A	C	A	B	B	B	C	B	A	C	A	8
9	A	C	C	B	B	C	A	A	C	A	A	A	C	A	C	B	C	A	C	A	B	B	B	C	B	9
10	C	B	C	A	C	A	C	A	B	A	B	A	A	C	A	A	B	C	A	C	A	A	C	A	B	10

GETTING THE MAIN IDEA — Answer Key—Picture Level

UNITS

1	2	3	4	5	6	7	8	9	10	11	12	13	14	15	16	17	18	19	20	21	22	23	24	25
B	B	A	B	A	B	A	A	B	B	A	B	B	A	B	A	A	B	A	B	A	B	B	B	A

26	27	28	29	30	31	32	33	34	35	36	37	38	39	40	41	42	43	44	45	46	47	48	49	50
B	A	B	B	A	B	A	B	B	A	A	B	A	B	B	B	A	B	A	A	B	A	B	B	A

GETTING THE MAIN IDEA — Answer Key—Preparatory Level

UNITS

1	2	3	4	5	6	7	8	9	10	11	12	13	14	15	16	17	18	19	20	21	22	23	24	25
B	B	A	B	A	B	B	A	A	B	B	B	B	B	A	B	B	A	A	B	B	A	B	A	A

26	27	28	29	30	31	32	33	34	35	36	37	38	39	40	41	42	43	44	45	46	47	48	49	50
A	B	A	B	B	A	B	A	A	B	A	B	B	A	B	B	A	A	B	A	B	B	A	B	B

GETTING THE MAIN IDEA — Answer Key—Book A

UNITS

1	2	3	4	5	6	7	8	9	10	11	12	13	14	15	16	17	18	19	20	21	22	23	24	25
C	B	C	B	C	C	B	B	B	C	B	C	A	C	A	B	C	B	B	A	C	A	B	C	B

26	27	28	29	30	31	32	33	34	35	36	37	38	39	40	41	42	43	44	45	46	47	48	49	50
C	B	C	C	A	A	C	A	A	B	C	A	A	B	C	A	A	A	B	B	C	A	A	A	A

GETTING THE MAIN IDEA — Answer Key—Book B

UNITS

	1	2	3	4	5	6	7	8	9	10	11	12	13	14	15	16	17	18	19	20	21	22	23	24	25	
1	A	C	A	B	C	A	B	A	A	B	B	B	C	B	C	A	B	B	B	C	B	B	B	B	A	1
2	C	C	B	B	B	A	B	B	C	C	B	A	B	A	C	B	C	C	B	B	B	C	C	C	B	2
3	B	B	B	B	C	C	B	C	B	C	B	C	B	B	B	B	B	C	C	C	C	B	B	C	C	3
4	A	A	C	C	B	B	C	A	B	B	B	C	C	A	C	C	A	C	B	C	A	C	A	B	C	4

UNITS

	1	2	3	4	5	6	7	8	9	10	11	12	13	14	15	16	17	18	19	20	21	22	23	24	25	
1	A	B	A	B	B	B	A	B	B	A	A	B	C	A	C	B	B	B	B	A	B	B	A	C	C	1
2	A	A	A	C	C	B	C	A	A	C	A	B	B	B	C	B	C	B	B	C	C	C	C	C	B	2
3	B	A	A	A	B	B	A	C	C	A	A	C	B	B	C	A	B	C	C	A	B	B	A	A	B	3
4	A	C	A	C	B	A	A	A	C	A	C	A	A	A	B	B	C	C	A	B	B	A	A	A	C	4
5	A	B	B	A	A	C	B	B	C	A	B	B	C	A	A	C	C	B	C	C	B	C	C	B	C	5

UNITS

	1	2	3	4	5	6	7	8	9	10	11	12	13	14	15	16	17	18	19	20	21	22	23	24	25	
1	C	B	C	B	B	B	C	A	C	A	A	C	C	A	A	B	C	B	A	C	C	B	B	C	B	1
2	B	B	A	B	C	C	B	C	B	C	A	C	A	A	C	A	C	C	B	A	C	A	C	C	A	2
3	B	C	C	B	C	B	C	B	B	B	C	C	C	B	A	C	B	A	B	A	C	A	C	C	B	3
4	B	C	C	B	A	C	B	B	C	B	C	B	A	A	C	C	B	B	C	A	C	C	B	B	C	4
5	B	B	C	C	A	B	A	C	B	C	A	C	B	B	C	B	C	C	B	A	C	B	B	B	B	5

UNITS

	1	2	3	4	5	6	7	8	9	10	11	12	13	14	15	16	17	18	19	20	21	22	23	24	25	
1	A	D	B	B	C	D	B	A	B	D	B	D	B	D	D	D	B	B	D	D	B	B	D	A	D	1
2	C	B	C	B	B	C	D	B	C	B	A	B	B	A	B	B	A	C	B	B	C	A	D	D	D	2
3	A	A	D	A	D	C	A	C	C	A	B	A	C	A	C	B	B	C	C	D	D	C	D	D	B	3
4	C	D	C	A	D	A	D	B	B	C	D	D	C	D	D	A	D	D	A	B	D	C	A	B	B	4
5	B	D	A	C	B	B	A	B	C	C	A	C	A	D	C	B	D	A	C	C	D	C	D	C	C	5

UNITS

	1	2	3	4	5	6	7	8	9	10	11	12	13	14	15	16	17	18	19	20	21	22	23	24	25	
1	D	C	C	D	C	C	D	B	B	C	C	B	D	B	C	C	B	C	A	C	D	C	C	D	C	1
2	B	D	C	D	D	B	B	B	D	C	D	D	D	C	C	D	C	B	C	D	D	C	C	B	A	2
3	A	B	B	C	B	D	D	C	B	A	A	D	D	B	C	D	C	C	D	D	A	C	B	A	D	3
4	C	A	C	D	C	C	D	C	C	D	C	B	D	C	B	D	C	A	C	D	A	D	C	D	C	4
5	D	D	B	D	C	B	C	A	A	C	B	B	B	A	B	B	B	D	C	D	A	A	B	C	C	5

UNITS

	1	2	3	4	5	6	7	8	9	10	11	12	13	14	15	16	17	18	19	20	21	22	23	24	25	
1	D	D	C	C	B	B	A	D	B	C	A	C	D	D	B	C	C	A	D	B	B	C	C	B	B	1
2	A	D	D	C	B	B	B	B	C	A	C	B	D	C	B	C	C	C	D	B	D	B	D	A	D	2
3	D	A	C	C	C	B	D	B	C	C	A	C	B	C	D	C	B	A	D	B	C	A	B	B	C	3
4	C	B	B	C	B	C	C	A	B	B	C	C	C	B	A	B	B	C	B	D	C	B	B	A	C	4
5	B	D	D	D	A	C	D	D	A	C	C	B	A	A	A	A	D	C	A	D	C	A	C	C	C	5

UNITS

	1	2	3	4	5	6	7	8	9	10	11	12	13	14	15	16	17	18	19	20	21	22	23	24	25	
1	A	C	C	B	A	C	A	B	B	B	B	C	D	D	D	A	B	B	C	D	B	A	A	B	C	1
2	B	D	A	D	D	B	D	D	C	B	D	B	A	A	D	C	A	D	B	C	A	C	C	C	B	2
3	D	C	B	B	C	C	C	B	C	A	B	B	C	B	B	C	D	A	C	B	D	D	D	B	C	3
4	C	B	D	A	C	D	B	D	B	B	A	C	D	C	B	D	D	C	C	A	A	B	B	B	D	4
5	B	C	C	B	B	A	C	D	A	B	A	A	A	C	B	B	D	A	D	C	A	D	B	A	C	5

FINDING DETAILS

UNITS

	1	2	3	4	5	6	7	8	9	10	11	12	13	14	15	16	17	18	19	20	21	22	23	24	25	
1	A	B	B	A	A	B	B	A	B	A	A	B	B	A	B	A	B	A	B	B	A	A	A	A	B	1
2	B	B	A	A	B	B	A	B	B	A	B	B	A	B	A	B	A	B	A	B	A	A	B	B	B	2
3	A	A	B	B	B	A	B	A	B	B	A	A	B	B	A	B	B	B	A	B	A	B	A	A	B	3

FINDING DETAILS

Answer Key—Preparatory Level

UNITS

	1	2	3	4	5	6	7	8	9	10	11	12	13	14	15	16	17	18	19	20	21	22	23	24	25	
1	A	A	B	B	B	B	A	A	B	A	B	B	A	A	B	A	B	B	A	B	A	B	B	A	B	1
2	B	B	B	B	A	B	A	B	A	B	B	A	A	B	A	A	A	B	B	A	B	A	B	B	A	2
3	B	A	A	A	B	A	A	A	A	B	B	B	A	B	B	B	B	A	A	B	B	B	A	A	B	3

FINDING DETAILS

Answer Key—Book A

UNITS

	1	2	3	4	5	6	7	8	9	10	11	12	13	14	15	16	17	18	19	20	21	22	23	24	25	
1	B	A	C	C	B	A	C	C	C	C	B	B	C	B	A	C	B	B	B	B	C	B	C	C	C	1
2	C	A	C	C	C	C	B	B	B	A	B	B	C	C	C	B	B	B	C	B	B	A	C	C	A	2
3	A	C	C	A	A	A	C	A	B	A	A	B	B	A	A	A	C	A	A	B	A	B	C	3
4	A	B	A	C	A	A	C	A	A	C	C	B	A	B	A	C	C	A	C	A	C	B	B	C	C	4
5	B	A	A	C	C	C	B	B	C	C	B	C	B	B	B	A	A	C	A	B	A	C	C	A	B	5

FINDING DETAILS

Answer Key—Book B

UNITS

	1	2	3	4	5	6	7	8	9	10	11	12	13	14	15	16	17	18	19	20	21	22	23	24	25	
1	C	B	C	C	B	C	A	A	C	A	C	B	C	C	C	C	A	C	A	B	A	C	C	C	B	1
2	C	C	C	C	C	C	A	C	B	A	B	B	B	B	C	B	A	B	C	C	C	B	A	B	A	2
3	C	B	B	A	B	C	B	A	A	B	B	C	A	A	A	C	C	A	A	B	A	A	A	A	C	3
4	B	B	A	B	C	B	A	B	B	A	A	B	B	B	C	A	A	C	C	B	C	C	B	C	B	4
5	A	A	B	C	B	A	B	B	C	B	B	C	C	A	C	A	B	C	A	B	B	A	A	A	C	5

FINDING DETAILS

UNITS

	1	2	3	4	5	6	7	8	9	10	11	12	13	14	15	16	17	18	19	20	21	22	23	24	25	
1	A	B	A	A	B	B	B	A	C	C	B	C	B	C	B	B	C	B	B	C	C	C	C	B	B	1
2	B	A	C	C	A	C	B	B	A	A	A	A	C	C	A	B	B	C	C	B	B	A	B	A	C	2
3	C	B	B	A	A	C	A	C	C	B	C	C	A	B	B	A	B	C	B	B	B	C	B	C	A	3
4	A	A	A	B	B	B	B	A	B	A	B	C	C	C	C	C	B	A	A	A	C	B	B	B	B	4
5	A	B	C	C	A	C	B	A	C	B	A	C	B	A	B	C	B	C	B	A	C	C	B	C	B	5
6	B	C	B	A	C	A	A	C	C	C	A	B	B	A	B	C	A	A	B	A	C	B	A	B	C	6
7	A	A	B	C	B	B	B	B	C	A	B	B	A	A	A	B	A	C	A	C	B	C	A	C	B	7
8	B	B	C	B	A	C	A	B	B	A	B	A	B	C	A	B	C	C	B	C	B	C	A	B	A	8

FINDING DETAILS

UNITS

	1	2	3	4	5	6	7	8	9	10	11	12	13	14	15	16	17	18	19	20	21	22	23	24	25	
1	B	A	C	A	C	C	B	C	A	C	B	B	B	B	A	C	B	B	C	C	A	B	C	B	A	1
2	A	B	B	B	A	B	C	A	C	A	B	A	A	C	C	C	A	A	B	B	C	C	B	B	B	2
3	C	B	A	A	C	C	C	B	B	C	B	A	C	B	B	A	B	C	B	A	B	A	B	A	A	3
4	B	C	B	B	C	A	A	B	C	B	A	C	C	C	A	A	A	A	B	B	B	C	B	B	C	4
5	C	A	C	C	B	B	C	C	B	B	C	A	C	C	A	B	A	C	C	A	C	B	A	A	A	5
6	C	A	A	B	C	A	A	C	A	B	B	B	C	C	A	A	A	C	C	C	A	B	B	C	C	6
7	B	B	A	B	A	B	A	A	B	A	C	B	B	B	A	A	C	C	A	B	B	A	C	C	B	7
8	C	A	A	A	C	A	C	B	C	B	A	C	A	C	B	C	C	A	C	A	C	A	A	C	B	8
9	A	A	B	C	B	B	C	C	C	C	A	B	C	B	A	B	A	A	A	B	B	C	A	B	A	9
10	B	B	C	B	A	A	B	A	B	B	C	B	A	B	B	B	C	B	C	A	C	C	B	A	C	10

UNITS

	1	2	3	4	5	6	7	8	9	10	11	12	13	14	15	16	17	18	19	20	21	22	23	24	25	
1	C	C	C	C	B	D	B	C	B	A	C	D	A	C	C	D	D	B	C	D	B	C	C	B	C	1
2	D	D	A	B	C	B	D	B	B	D	A	A	C	B	D	A	D	C	D	B	D	B	A	A	B	2
3	A	B	D	A	D	C	C	A	A	C	D	D	D	D	B	C	C	D	C	C	A	D	C	D	D	3
4	C	D	C	D	A	C	D	B	C	D	D	D	D	B	A	B	D	A	B	C	C	C	A	D	D	4
5	D	A	D	C	C	C	A	D	A	C	C	C	B	C	D	D	B	B	A	D	C	C	D	C	A	5
6	D	B	D	A	D	A	C	B	B	B	D	B	C	B	A	C	C	D	D	C	D	D	D	D	D	6
7	C	D	B	D	D	C	C	A	C	A	A	D	D	A	D	D	A	C	A	D	B	A	C	B	C	7
8	B	C	C	C	C	A	D	C	A	D	B	A	A	D	D	A	D	D	D	C	D	B	B	C	B	8
9	D	B	D	D	B	B	A	D	A	C	D	D	C	C	D	C	B	B	C	B	C	D	D	D	C	9
10	D	A	A	D	D	D	D	A	D	D	C	D	D	B	B	D	D	B	D	A	D	D	B	D	D	10

UNITS

	1	2	3	4	5	6	7	8	9	10	11	12	13	14	15	16	17	18	19	20	21	22	23	24	25	
1	D	B	D	D	D	D	B	D	D	B	C	D	B	B	B	B	C	C	B	D	C	B	B	C	C	1
2	A	A	A	C	C	A	C	D	B	A	A	C	C	D	C	D	B	D	C	B	A	D	A	D	B	2
3	B	A	D	A	D	B	A	C	C	C	D	A	D	C	A	A	D	A	A	C	B	C	D	D	A	3
4	C	A	B	B	A	D	D	D	A	A	B	D	A	A	D	D	A	B	D	B	D	C	C	C	C	4
5	B	D	C	C	B	C	B	A	B	D	C	D	B	D	C	C	C	C	B	D	A	D	B	B	C	5
6	D	A	B	D	D	B	A	D	B	A	D	C	D	C	A	A	B	A	C	A	C	B	C	D	A	6
7	C	B	A	A	A	D	B	D	A	C	B	B	B	A	D	D	C	D	B	A	C	D	D	D	C	7
8	A	A	C	C	D	D	C	B	D	B	A	D	C	B	B	C	B	B	D	C	D	A	B	C	D	8
9	D	B	B	B	C	B	D	B	C	D	B	A	A	D	C	D	D	A	D	D	B	D	A	A	D	9
10	D	A	D	C	D	B	B	D	A	C	C	B	C	C	A	D	B	D	B	C	C	D	A	D	C	10

FINDING DETAILS Answer Key—Book G

UNITS

	1	2	3	4	5	6	7	8	9	10	11	12	13	14	15	16	17	18	19	20	21	22	23	24	25	
1	D	B	D	A	D	C	B	D	D	C	B	A	A	D	A	A	C	C	B	A	C	A	B	A	D	1
2	A	D	C	D	C	D	C	C	B	D	D	B	D	D	D	C	D	D	C	A	C	D	D	D	C	2
3	A	C	A	B	B	B	A	A	C	A	D	D	C	A	D	C	B	A	B	A	A	B	C	C	B	3
4	C	C	D	D	A	B	C	D	B	B	C	C	B	C	D	A	D	D	D	D	D	D	C	B	D	4
5	B	B	C	C	C	A	C	C	B	B	C	B	D	D	C	B	A	A	C	B	A	C	D	B	B	5
6	A	A	B	A	D	A	D	B	D	C	C	D	C	B	B	C	D	D	C	D	C	C	C	A	A	6
7	D	D	C	D	A	D	C	C	A	D	B	D	D	C	A	C	C	B	D	C	D	D	B	B	D	7
8	B	B	B	B	D	C	A	D	A	D	C	B	B	B	D	D	D	C	C	C	D	B	B	A	D	8
9	C	C	B	D	D	D	D	A	B	B	C	A	C	B	C	B	B	B	C	D	D	C	C	A	B	9
10	A	D	D	B	B	B	D	C	D	D	C	D	D	C	D	D	C	C	A	D	D	C	D	B	D	10

FINDING DETAILS Answer Key—Book H

UNITS

	1	2	3	4	5	6	7	8	9	10	11	12	13	14	15	16	17	18	19	20	21	22	23	24	25	
1	C	C	B	C	C	D	D	D	B	B	A	C	D	B	C	C	B	D	B	C	C	B	A	C	B	1
2	B	B	C	B	C	C	C	C	D	D	C	D	C	D	D	B	A	C	D	D	A	C	B	D	C	2
3	C	D	B	D	D	B	B	B	C	C	A	B	B	D	C	A	D	D	A	A	D	D	B	A	A	3
4	A	C	C	C	A	A	D	D	A	B	B	A	A	C	B	D	D	D	D	B	C	B	D	C	D	4
5	D	A	D	B	D	A	C	A	D	D	C	D	A	D	A	C	C	C	B	C	D	A	C	B	A	5
6	B	D	A	D	A	D	B	C	C	C	D	C	D	C	D	B	A	A	C	D	B	D	D	D	C	6
7	A	D	D	A	C	C	D	B	C	C	C	D	D	C	B	D	B	B	B	A	A	C	C	B	B	7
8	C	B	C	C	A	D	C	C	A	D	D	B	C	B	B	D	B	C	A	D	D	D	A	D	C	8
9	D	D	A	B	C	B	D	D	D	B	B	A	B	A	C	C	D	D	C	B	B	C	C	A	A	9
10	C	C	A	C	D	D	B	A	D	C	D	D	C	D	A	B	C	D	C	C	A	D	A	D	C	10

COMPARING & CONTRASTING   Answer Key—Picture Level

UNITS

1	2	3	4	5	6	7	8	9	10	11	12	13	14	15	16	17	18	19	20	21	22	23	24	25	
A	A	A	A	A	B	A	B	A	A	B	A	B	A	B	A	A	A	B	B	A	B	A	B	A	1

COMPARING & CONTRASTING Answer Key—Preparatory Level

UNITS

1	2	3	4	5	6	7	8	9	10	11	12	13	14	15	16	17	18	19	20	21	22	23	24	25	
B	B	A	A	B	A	B	B	B	A	B	B	A	B	A	A	A	B	B	A	B	B	A	B		1
B	A	A	B	B	B	A	A	B	B	B	B	B	A	B	B	B	B	A	A	B	A	B	B	A	2

COMPARING & CONTRASTING   Answer Key—Book A

UNITS

1	2	3	4	5	6	7	8	9	10	11	12	13	14	15	16	17	18	19	20	21	22	23	24	25	
B	C	A	C	B	A	A	C	A	C	A	B	A	C	C	A	C	B	C	C	A	C	B	C	A	1

26	27	28	29	30	31	32	33	34	35	36	37	38	39	40	41	42	43	44	45	46	47	48	49	50	
C	A	A	B	A	C	A	B	C	C	C	A	C	C	A	A	B	B	C	A	C	A	C	A	C	1

UNITS

	1	2	3	4	5	6	7	8	9	10	11	12	13	14	15	16	17	18	19	20	21	22	23	24	25	
1	B	A	A	A	B	A	B	C	B	B	B	B	C	B	C	B	B	C	A	C	C	C	B	C	B	1
2	C	C	B	C	C	B	C	A	B	A	C	A	C	B	C	A	C	B	B	A	C	B	C	B	A	2
3	A	B	C	A	B	A	B	C	C	C	B	C	A	C	A	C	A	C	C	B	B	C	A	C	C	3
4	C	B	A	B	A	C	A	C	C	C	A	B	C	A	B	B	A	A	A	A	A	A	B	A	A	4
5	B	A	A	C	C	B	C	A	A	A	C	B	C	C	B	B	A	B	B	C	C	A	B	B		5

	26	27	28	29	30	31	32	33	34	35	36	37	38	39	40	41	42	43	44	45	46	47	48	49	50	
1	C	B	B	C	C	B	B	B	C	C	B	B	B	A	C	B	C	C	C	A	A	B	A	A	C	1
2	C	A	A	C	A	C	A	A	B	A	B	A	B	A	A	B	A	A	B	C	C	B	A	B	A	2
3	A	B	C	C	B	C	C	C	C	C	A	B	C	C	B	C	B	A	A	C	B	B	B	B	C	3
4	C	C	B	A	B	C	A	A	B	B	B	A	C	C	A	C	B	C	B	B	C	A	C	C	A	4
5	B	A	A	C	C	A	C	B	A	C	C	B	B	A	A	B	C	C	C	C	A	C	B	B	B	5

UNITS

	1	2	3	4	5	6	7	8	9	10	11	12	13	14	15	16	17	18	19	20	21	22	23	24	25	
1	B	B	B	B	B	A	B	C	B	A	C	A	B	B	B	B	B	A	C	A	C	B	B	B	A	1
2	B	A	B	A	C	B	C	B	C	C	A	B	C	C	A	C	C	B	A	B	B	B	A	B	B	2
3	C	C	B	B	A	C	A	A	C	B	B	B	C	A	C	B	B	C	C	B	C	A	B	B	B	3
4	A	C	C	C	B	B	A	A	B	A	C	C	C	C	C	C	A	B	A	B	C	B	A	B		4
5	C	B	B	C	C	A	C	C	C	C	C	C	B	A	C	A	B	A	A	C	A	B	B	A	B	5

38

COMPARING & CONTRASTING — Answer Key—Book D

UNITS

	1	2	3	4	5	6	7	8	9	10	11	12	13	14	15	16	17	18	19	20	21	22	23	24	25	
1	B	C	C	C	C	B	B	A	B	B	C	A	B	C	C	C	C	C	A	B	C	C	C	A	B	1
2	A	A	C	B	C	C	C	C	A	C	C	B	B	C	A	B	A	B	A	A	B	C	B	B	C	2
3	C	A	A	B	A	B	B	B	C	A	B	C	C	B	B	A	B	B	C	B	C	B	C	A	C	3
4	A	B	C	A	B	A	C	C	C	C	C	A	B	A	C	C	A	C	C	A	C	A	B	A	B	4
5	B	A	A	C	C	B	C	A	A	B	B	B	B	C	C	A	C	C	B	B	C	C	A	B	C	5

COMPARING & CONTRASTING — Answer Key—Book E

UNITS

	1	2	3	4	5	6	7	8	9	10	11	12	13	14	15	16	17	18	19	20	21	22	23	24	25	
1	B	B	B	C	A	B	A	C	D	B	B	C	B	C	B	A	B	B	A	B	C	C	A	C	B	1
2	C	A	B	A	B	A	B	C	A	C	A	A	C	A	C	D	A	A	C	D	B	B	C	B	D	2
3	A	B	A	B	C	B	C	D	C	B	C	C	A	C	A	C	B	C	B	B	A	B	C	A	A	3
4	D	C	C	D	B	C	B	A	B	B	D	B	D	A	B	C	D	A	D	A	D	D	A	C	C	4
5	B	A	A	C	A	C	A	D	B	D	A	C	C	D	D	A	A	C	B	D	A	A	D	D	A	5

COMPARING & CONTRASTING — Answer Key—Book F

UNITS

	1	2	3	4	5	6	7	8	9	10	11	12	13	14	15	16	17	18	19	20	21	22	23	24	25	
1	B	B	B	B	A	C	D	B	D	C	B	C	C	B	C	B	C	B	A	C	C	D	C	C	B	1
2	B	A	A	B	B	C	A	D	B	D	A	A	B	B	B	A	D	D	C	C	A	B	B	B	C	2
3	D	D	A	C	A	A	B	A	A	A	D	B	A	C	D	D	B	C	C	A	C	A	A	C	A	3
4	B	C	C	D	B	C	D	C	A	B	C	D	C	D	A	C	B	C	A	B	C	A	D	A	C	4
5	B	B	D	A	D	B	A	B	B	C	A	A	B	B	B	B	A	A	A	A	C	B	C	B	A	5

COMPARING & CONTRASTING — Answer Key—Book G

UNITS

	1	2	3	4	5	6	7	8	9	10	11	12	13	14	15	16	17	18	19	20	21	22	23	24	25	
1	C	B	D	C	C	D	A	B	B	C	C	B	A	A	C	C	B	B	C	C	A	C	D	C	B	1
2	B	B	B	C	A	B	D	D	C	B	A	D	D	D	A	D	D	D	C	B	C	C	B	A	A	2
3	D	A	B	B	C	A	D	A	C	D	D	A	B	A	D	A	A	C	D	C	D	B	C	B	B	3
4	D	D	A	A	D	D	A	D	A	C	B	B	B	B	C	C	A	A	B	B	B	A	A	D	C	4
5	A	D	C	D	A	C	B	A	D	B	B	C	A	B	B	A	C	A	D	A	A	C	D	B	D	5

COMPARING & CONTRASTING — Answer Key—Book H

UNITS

	1	2	3	4	5	6	7	8	9	10	11	12	13	14	15	16	17	18	19	20	21	22	23	24	25	
1	D	B	B	A	C	C	D	D	C	A	C	A	B	D	C	B	C	C	A	C	D	C	C	B	C	1
2	C	C	A	D	B	B	C	C	D	D	D	D	B	C	D	D	B	B	C	B	B	C	C	C	A	2
3	A	D	D	C	D	D	D	D	C	D	A	D	C	B	B	A	D	D	A	A	A	C	D	D	C	3
4	C	D	B	D	C	A	C	A	B	C	B	D	C	D	A	B	A	A	C	B	D	B	B	D	A	4
5	C	C	D	C	A	A	A	C	B	C	D	C	B	C	C	D	D	D	B	C	B	D	A	C	B	5

IDENTIFYING CAUSE & EFFECT Answer Key—Picture Level

UNITS

1	2	3	4	5	6	7	8	9	10	11	12	13	14	15	16	17	18	19	20	21	22	23	24	25
B	B	B	A	B	A	A	B	B	B	B	A	A	B	A	A	B	B	B	B	A	B	B	B	B

26	27	28	29	30	31	32	33	34	35	36	37	38	39	40	41	42	43	44	45	46	47	48	49	50
A	B	B	B	B	B	A	B	A	B	A	B	B	A	B	B	B	B	A	B	A	A	B	A	B

IDENTIFYING CAUSE & EFFECT   Answer Key—Preparatory Level

UNITS

1	2	3	4	5	6	7	8	9	10	11	12	13	14	15	16	17	18	19	20	21	22	23	24	25
A	A	A	A	A	B	A	B	B	A	B	A	A	B	A	A	B	B	B	B	B	B	B	B	B

26	27	28	29	30	31	32	33	34	35	36	37	38	39	40	41	42	43	44	45	46	47	48	49	50
A	B	B	B	B	B	A	B	A	B	A	B	B	A	B	B	B	B	A	B	A	A	B	A	B

IDENTIFYING CAUSE & EFFECT   Answer Key—Book A

UNITS

1	2	3	4	5	6	7	8	9	10	11	12	13	14	15	16	17	18	19	20	21	22	23	24	25
A	C	B	A	A	C	A	B	C	A	B	C	B	A	C	C	A	B	C	B	B	B	B	B	C

26	27	28	29	30	31	32	33	34	35	36	37	38	39	40	41	42	43	44	45	46	47	48	49	50
A	B	B	B	A	C	C	B	C	B	A	C	B	B	C	B	A	A	B	B	B	A	B	A	C

IDENTIFYING CAUSE & EFFECT   Answer Key—Book B

UNITS

#	1	2	3	4	5	6	7	8	9	10	11	12	13	14	15	16	17	18	19	20	21	22	23	24	25	#
1	A	A	B	A	B	B	B	B	B	A	A	B	B	B	C	A	C	B	A	C	B	A	A	A	A	1
2	B	B	C	B	A	B	A	B	B	C	C	A	A	C	B	C	C	B	B	B	C	A	B	B	B	2
3	A	C	A	C	B	B	B	B	C	B	B	B	B	A	B	B	B	C	C	A	A	C	C	B	A	3
4	C	A	C	C	A	C	C	B	B	A	B	A	B	C	B	B	B	C	B	A	C	C	B	C	C	4
5	B	B	B	B	B	B	C	A	B	B	C	C	C	A	C	B	B	B	B	B	B	B	C	A	A	5

41

IDENTIFYING CAUSE & EFFECT — Answer Key—Book C

UNITS

	1	2	3	4	5	6	7	8	9	10	11	12	13	14	15	16	17	18	19	20	21	22	23	24	25	
1	B	B	A	B	B	C	A	A	B	A	B	C	B	B	B	A	A	B	B	B	A	B	C	B	A	1
2	A	C	C	B	A	A	B	B	B	C	C	A	B	B	B	B	A	A	C	B	C	A	B	B	C	2
3	A	C	A	B	B	B	C	B	C	B	A	B	B	B	A	B	B	C	A	A	B	B	A	B	C	3
4	C	B	B	A	C	C	A	C	B	C	B	A	A	A	C	C	C	B	B	A	B	C	A	A	A	4
5	B	A	A	C	C	A	C	A	A	A	C	C	A	C	C	A	A	A	A	A	A	B	C	B	B	5

IDENTIFYING CAUSE & EFFECT — Answer Key—Book D

UNITS

	1	2	3	4	5	6	7	8	9	10	11	12	13	14	15	16	17	18	19	20	21	22	23	24	25	
1	B	B	A	C	B	C	B	B	B	B	B	B	B	B	B	A	C	A	B	B	B	A	C	A	C	1
2	A	C	A	B	A	A	A	A	B	A	C	A	A	A	B	B	C	C	C	B	B	A	B	B	B	2
3	B	C	C	C	B	B	C	A	A	B	A	A	B	B	A	B	B	B	A	A	A	B	A	A	A	3
4	C	B	B	B	B	A	A	C	B	C	A	C	B	A	B	C	C	B	A	C	B	B	A	C	B	4
5	B	A	B	B	B	A	C	B	A	A	C	B	A	B	A	A	B	C	B	B	C	B	B	C	C	5

IDENTIFYING CAUSE & EFFECT — Answer Key—Book E

UNITS

	1	2	3	4	5	6	7	8	9	10	11	12	13	14	15	16	17	18	19	20	21	22	23	24	25	
1	C	D	C	B	B	B	A	A	B	B	A	A	B	B	B	C	B	B	A	C	C	C	C	D	C	1
2	A	C	C	B	D	A	C	C	C	B	B	C	D	A	B	A	C	C	B	D	D	A	C	C	A	2
3	B	A	D	A	C	A	A	D	D	D	A	D	B	B	B	A	A	B	C	D	B	A	A	D	C	3
4	D	C	B	C	B	D	B	A	A	C	B	C	B	B	B	C	D	B	A	A	C	D	B	B	A	4
5	B	B	B	C	A	A	B	B	B	A	D	B	A	D	D	B	B	C	B	C	B	C	B	D	C	5

IDENTIFYING CAUSE & EFFECT

UNITS

	1	2	3	4	5	6	7	8	9	10	11	12	13	14	15	16	17	18	19	20	21	22	23	24	25	
1	C	C	C	B	C	A	B	A	B	C	A	A	C	A	B	C	A	B	A	D	C	B	A	C	B	1
2	A	C	C	B	B	D	C	B	D	D	B	C	C	C	B	A	A	C	B	C	C	A	A	A	B	2
3	B	A	C	A	A	B	D	D	A	B	A	B	C	B	B	C	C	B	C	A	B	B	B	C	B	3
4	B	C	A	C	C	B	B	A	A	C	A	C	B	C	B	C	B	B	A	B	D	C	C	D	A	4
5	C	B	D	B	D	C	C	B	B	A	B	B	A	A	C	A	C	C	B	B	A	B	B	B	C	5

IDENTIFYING CAUSE & EFFECT

UNITS

	1	2	3	4	5	6	7	8	9	10	11	12	13	14	15	16	17	18	19	20	21	22	23	24	25	
1	B	C	A	C	B	C	B	B	B	A	A	B	A	B	B	C	B	C	C	B	B	B	B	C	A	1
2	B	B	C	C	C	C	C	B	C	B	B	B	B	A	A	B	B	A	B	C	B	A	A	C	B	2
3	A	A	C	A	C	B	B	B	D	B	B	A	A	B	D	A	C	B	B	A	C	B	A	C	C	3
4	A	B	D	B	A	B	A	A	A	C	A	A	A	D	C	B	C	D	A	B	A	C	B	C	A	4
5	C	B	A	C	D	B	A	C	B	A	C	A	B	C	C	A	C	A	C	B	C	A	A	B	B	5

IDENTIFYING CAUSE & EFFECT

UNITS

	1	2	3	4	5	6	7	8	9	10	11	12	13	14	15	16	17	18	19	20	21	22	23	24	25	
1	B	B	C	A	A	A	B	B	A	C	A	B	A	C	B	B	B	C	B	D	D	B	A	B	A	1
2	C	B	C	C	C	B	C	C	B	A	B	B	C	B	A	C	D	B	A	A	C	A	B	A	C	2
3	A	A	D	B	C	D	A	D	A	B	B	A	D	A	A	A	A	B	B	C	B	D	B	A	B	3
4	A	B	C	A	A	C	A	D	B	B	A	A	A	C	B	B	C	D	B	C	A	C	C	B	B	4
5	D	C	A	D	B	C	B	B	B	C	B	C	B	C	C	B	A	B	D	B	D	B	A	C	D	5

IDENTIFYING FACT & OPINION   Answer Key—Picture Level

UNITS

1	2	3	4	5	6	7	8	9	10	11	12	13	14	15	16	17	18	19	20	21	22	23	24	25
A	B	A	A	B	B	A	B	A	B	B	A	A	A	B	A	A	B	B	B	A	B	B	B	B

26	27	28	29	30	31	32	33	34	35	36	37	38	39	40	41	42	43	44	45	46	47	48	49	50
A	A	A	B	A	A	A	A	A	B	A	A	B	B	B	A	B	B	A	A	B	A	A	A	A

IDENTIFYING FACT & OPINION   Answer Key—Preparatory Level

UNITS

1	2	3	4	5	6	7	8	9	10	11	12	13	14	15	16	17	18	19	20	21	22	23	24	25
A	B	B	B	A	B	A	A	B	A	B	B	A	B	B	A	B	A	B	B	A	A	B	A	A

26	27	28	29	30	31	32	33	34	35	36	37	38	39	40	41	42	43	44	45	46	47	48	49	50
B	B	B	A	A	B	A	B	A	B	B	A	A	A	A	A	B	A	A	A	A	B	B	B	

IDENTIFYING FACT & OPINION   Answer Key—Book A

UNITS

1	2	3	4	5	6	7	8	9	10	11	12	13	14	15	16	17	18	19	20	21	22	23	24	25
C	B	A	B	C	A	B	C	A	A	B	C	A	B	C	B	C	B	C	C	A	B	C	A	C

26	27	28	29	30	31	32	33	34	35	36	37	38	39	40	41	42	43	44	45	46	47	48	49	50
C	A	B	B	C	A	C	A	B	B	A	B	B	B	A	C	B	A	B	B	C	C	A	C	A

IDENTIFYING FACT & OPINION   Answer Key—Book B

UNITS

	1	2	3	4	5	6	7	8	9	10	11	12	13	14	15	16	17	18	19	20	21	22	23	24	25	
1	C	B	B	A	C	A	A	C	B	C	B	C	C	B	B	B	A	B	C	C	A	C	B	C	A	1
2	B	A	B	C	B	C	B	A	A	C	A	A	B	C	C	A	C	C	C	C	C	B	A	B	C	2
3	A	C	C	B	A	B	C	B	C	B	C	C	B	B	A	C	B	A	A	A	C	A	C	C	A	3
4	C	A	A	A	B	C	C	C	C	A	A	B	A	A	B	C	A	A	B	B	B	C	A	B	B	4
5	B	C	C	A	A	B	B	A	B	B	B	A	A	C	A	C	B	B	A	A	A	B	B	A	C	5

IDENTIFYING FACT & OPINION   Answer Key—Book C

UNITS

	1	2	3	4	5	6	7	8	9	10	11	12	13	14	15	16	17	18	19	20	21	22	23	24	25	
1	B	C	B	A	B	C	B	B	B	C	A	B	B	A	C	B	B	B	C	A	B	C	C	B	B	1
2	A	B	A	C	A	A	A	C	A	B	C	A	C	B	B	A	A	C	A	B	C	A	A	B	A	2
3	C	A	C	B	C	C	A	A	A	C	B	B	A	C	A	C	C	A	C	C	A	C	B	A	C	3
4	B	C	B	C	B	C	C	C	C	A	A	C	A	A	B	A	B	C	B	A	B	B	C	B	B	4
5	A	B	A	A	C	A	C	B	C	B	C	A	B	C	C	B	A	B	A	C	C	A	A	C	A	5

IDENTIFYING FACT & OPINION   Answer Key—Book D

UNITS

	1	2	3	4	5	6	7	8	9	10	11	12	13	14	15	16	17	18	19	20	21	22	23	24	25	
1	B	B	B	A	B	A	B	C	B	B	C	B	A	B	C	B	B	A	A	C	B	B	C	B	C	1
2	C	B	C	B	C	B	C	A	B	A	A	A	A	A	A	B	A	C	B	B	C	C	C	A	C	2
3	B	B	A	A	B	C	B	A	A	B	B	C	B	C	A	A	C	B	C	A	A	C	A	A	A	3
4	C	B	A	C	B	B	C	C	A	C	A	B	A	C	A	A	C	A	A	C	B	B	B	B	B	4
5	C	C	B	A	A	B	B	A	A	C	C	C	C	B	A	B	C	A	A	C	B	A	B	A	A	5

IDENTIFYING FACT & OPINION

UNITS

	1	2	3	4	5	6	7	8	9	10	11	12	13	14	15	16	17	18	19	20	21	22	23	24	25	
1	B	D	A	B	B	C	D	C	C	B	C	A	A	A	C	A	A	C	B	D	C	A	A	C	A	1
2	D	D	B	A	B	B	B	A	A	A	D	B	D	A	D	B	C	A	B	B	D	C	C	A	B	2
3	D	A	C	B	D	C	A	D	B	C	C	D	B	C	A	A	A	D	D	D	C	A	A	B	D	3
4	C	C	B	A	A	D	C	C	D	D	A	A	C	B	B	D	D	A	A	C	B	D	B	D	D	4
5	A	D	D	D	C	A	A	B	B	D	C	A	A	D	B	C	B	B	C	D	A	B	D	C	C	5

IDENTIFYING FACT & OPINION

UNITS

	1	2	3	4	5	6	7	8	9	10	11	12	13	14	15	16	17	18	19	20	21	22	23	24	25	
1	C	D	D	A	D	D	C	A	A	A	D	B	B	B	C	B	A	D	B	C	C	D	D	A	D	1
2	C	D	A	A	C	B	D	D	C	B	D	D	A	C	C	A	B	C	C	A	D	C	C	B	A	2
3	C	C	A	C	B	B	B	A	C	C	D	D	A	B	A	B	B	D	A	A	D	B	D	D	B	3
4	C	B	D	C	B	A	A	D	B	D	C	D	B	D	A	A	A	D	D	A	B	D	B	C	D	4
5	C	A	C	B	B	C	D	B	D	B	D	A	C	C	D	C	B	A	A	D	A	C	A	B	C	5

IDENTIFYING FACT & OPINION

UNITS

	1	2	3	4	5	6	7	8	9	10	11	12	13	14	15	16	17	18	19	20	21	22	23	24	25	
1	B	A	D	C	C	A	D	B	B	D	B	A	B	C	D	D	C	D	A	C	C	C	B	A	C	1
2	C	C	C	A	B	C	B	B	B	B	A	C	D	D	A	A	B	A	C	D	A	A	D	D	D	2
3	A	B	B	D	C	D	A	C	D	D	C	A	A	A	B	B	A	C	A	A	B	C	B	B	C	3
4	A	A	A	A	B	C	B	A	A	D	B	B	B	A	D	D	B	B	A	C	B	C	C	B		4
5	D	D	C	B	B	C	A	D	D	C	D	D	C	C	C	A	D	D	B	D	D	A	C	D		5

IDENTIFYING FACT & OPINION
Answer Key—Book H

UNITS

	1	2	3	4	5	6	7	8	9	10	11	12	13	14	15	16	17	18	19	20	21	22	23	24	25	
1	A	D	D	D	D	B	B	D	B	B	D	A	C	C	B	C	A	B	D	A	D	B	A	C	D	1
2	D	A	B	B	D	A	A	B	A	A	A	B	A	B	A	B	D	D	A	B	A	A	D	B	A	2
3	B	C	A	A	C	D	B	C	C	A	A	A	D	D	A	B	A	C	A	D	B	B	D	D	B	3
4	A	B	D	C	B	B	C	A	C	D	B	D	A	A	D	C	B	C	C	B	C	D	A	C	C	4
5	C	A	C	C	A	A	D	B	A	C	A	D	B	B	C	D	C	A	B	A	D	C	B	A	B	5

DRAWING CONCLUSIONS — Answer Key—Picture Level

UNITS

	1	2	3	4	5	6	7	8	9	10	11	12	13	14	15	16	17	18	19	20	21	22	23	24	25	
1	B	A	B	B	A	B	A	A	B	B	A	B	A	B	B	A	A	A	B	A	A	B	B	A	B	1

	26	27	28	29	30	31	32	33	34	35	36	37	38	39	40	41	42	43	44	45	46	47	48	49	50	
1	B	A	A	B	B	A	A	B	B	A	A	B	A	B	B	A	B	B	A	A	B	A	B	B	B	1

DRAWING CONCLUSIONS — Answer Key—Preparatory Level

UNITS

	1	2	3	4	5	6	7	8	9	10	11	12	13	14	15	16	17	18	19	20	21	22	23	24	25	
1	B	B	B	B	A	B	A	A	B	A	B	B	B	A	B	B	B	B	A	B	A	A	B	A	B	1

	26	27	28	29	30	31	32	33	34	35	36	37	38	39	40	41	42	43	44	45	46	47	48	49	50	
1	A	B	A	A	B	A	B	B	A	B	B	A	B	A	A	B	B	A	B	B	A	B	A	A	B	1

DRAWING CONCLUSIONS — Answer Key—Book A

UNITS

	1	2	3	4	5	6	7	8	9	10	11	12	13	14	15	16	17	18	19	20	21	22	23	24	25	
1	C	A	A	A	A	C	A	B	A	A	A	C	C	B	C	A	A	B	C	C	B	B	C	A	C	1

	26	27	28	29	30	31	32	33	34	35	36	37	38	39	40	41	42	43	44	45	46	47	48	49	50	
1	B	C	C	A	A	C	A	A	C	B	C	B	C	A	C	C	A	A	C	B	A	C	C	A	A	1

DRAWING CONCLUSIONS — Answer Key—Book B

UNITS

	1	2	3	4	5	6	7	8	9	10	11	12	13	14	15	16	17	18	19	20	21	22	23	24	25	
1	C	C	B	C	B	C	B	B	B	B	B	C	B	C	C	A	C	A	B	B	B	C	B	C	B	1
2	B	B	C	B	C	C	A	C	B	C	C	A	B	A	B	C	B	A	C	A	C	A	A	A	C	2
3	A	B	B	A	B	A	B	B	C	B	B	B	C	B	B	C	A	C	A	B	A	B	A	C	C	3
4	B	A	A	B	A	C	A	B	B	C	C	B	A	A	B	B	C	B	B	B	B	A	B	B	A	4

48

DRAWING CONCLUSIONS — Answer Key—Book C

UNITS

	1	2	3	4	5	6	7	8	9	10	11	12	13	14	15	16	17	18	19	20	21	22	23	24	25	
1	B	A	C	C	B	A	B	C	C	B	A	A	C	B	B	B	C	A	A	C	B	C	A	B	C	1
2	B	A	B	C	B	B	A	A	B	A	B	B	A	A	B	A	C	C	B	B	C	C	A	A	C	2
3	C	B	C	C	C	B	B	A	B	C	C	C	C	B	A	B	C	B	A	C	B	A	C	B	C	3
4	A	C	A	C	A	A	B	B	B	C	B	C	B	C	C	B	B	C	B	C	B	C	C	A	C	4
5	B	B	B	C	C	A	A	C	B	A	C	B	A	B	C	B	C	B	B	A	C	C	B	B	A	5

DRAWING CONCLUSIONS — Answer Key—Book D

UNITS

	1	2	3	4	5	6	7	8	9	10	11	12	13	14	15	16	17	18	19	20	21	22	23	24	25	
1	C	C	B	A	A	B	A	A	A	A	C	B	C	B	C	C	B	C	B	C	B	C	A	B	C	1
2	B	B	B	C	C	B	C	B	B	C	C	C	B	C	A	C	C	C	C	B	B	B	A	C	B	2
3	C	A	B	C	B	C	B	B	B	C	B	C	C	C	B	C	B	C	B	C	B	C	B	C	A	3
4	C	B	C	A	B	B	B	C	C	B	C	C	C	C	C	C	B	B	C	A	C	C	B	B	C	4
5	A	B	B	B	B	B	B	B	C	C	B	B	C	B	B	A	B	C	C	C	B	B	B	C	C	5

DRAWING CONCLUSIONS — Answer Key—Book E

UNITS

	1	2	3	4	5	6	7	8	9	10	11	12	13	14	15	16	17	18	19	20	21	22	23	24	25	
1	D	B	B	B	B	A	C	D	C	D	C	C	D	B	D	B	C	B	D	C	B	B	D	C	C	1
2	D	D	B	A	D	B	A	A	C	B	C	B	C	B	C	C	C	D	C	D	C	B	D	C	C	2
3	A	B	A	C	B	A	A	C	C	A	B	C	D	B	B	A	C	C	D	B	C	C	C	D	D	3
4	A	B	B	D	C	D	B	A	A	C	C	B	A	C	C	C	C	D	A	A	C	C	C	B	B	4
5	C	D	B	B	C	C	C	C	B	B	A	C	B	C	B	A	D	D	B	C	A	B	B	C	B	5

DRAWING CONCLUSIONS

UNITS

	1	2	3	4	5	6	7	8	9	10	11	12	13	14	15	16	17	18	19	20	21	22	23	24	25	
1	C	D	B	A	C	D	C	B	B	C	C	C	C	C	A	D	C	C	A	D	B	D	C	B	D	1
2	C	D	B	B	A	B	D	D	D	B	C	D	A	A	D	B	D	A	B	C	A	C	C	C	D	2
3	B	C	C	B	A	C	A	A	C	C	D	A	B	D	B	C	C	D	C	C	D	B	B	B	C	3
4	D	A	B	C	A	C	C	B	C	C	A	D	B	C	C	B	D	C	B	C	C	C	C	C	D	4
5	D	B	B	D	A	A	B	D	A	B	D	C	D	C	D	C	C	D	B	B	B	D	A	D	B	5

DRAWING CONCLUSIONS

Answer Key—Book G

UNITS

	1	2	3	4	5	6	7	8	9	10	11	12	13	14	15	16	17	18	19	20	21	22	23	24	25	
1	B	D	C	D	A	B	A	B	C	C	B	B	C	C	C	C	D	C	B	C	D	D	C	B	D	1
2	D	C	C	C	C	A	A	D	A	D	C	A	C	B	B	C	A	C	B	C	A	B	B	C	C	2
3	B	D	A	C	A	A	D	C	C	B	D	D	C	D	C	D	B	B	D	D	D	B	D	C	D	3
4	C	A	A	C	A	B	C	D	D	D	D	A	D	B	B	C	D	B	C	C	C	B	A	D	C	4
5	C	C	C	C	D	D	C	A	B	A	A	A	C	B	C	A	C	B	B	C	A	C	C	C	B	5

DRAWING CONCLUSIONS

Answer Key—Book H

UNITS

	1	2	3	4	5	6	7	8	9	10	11	12	13	14	15	16	17	18	19	20	21	22	23	24	25	
1	D	B	B	B	C	C	B	B	B	C	C	D	A	C	D	B	C	B	D	C	B	C	A	C	B	1
2	D	B	D	C	A	B	D	A	C	D	C	C	B	A	A	C	A	C	B	B	D	B	B	D	C	2
3	B	C	C	C	C	A	B	C	C	D	C	B	B	C	C	B	D	D	B	B	D	C	A	B	C	3
4	A	D	B	C	C	B	A	D	D	C	C	C	D	B	B	B	C	D	D	D	B	B	C	D	B	4
5	C	D	C	A	C	A	A	C	B	B	A	B	B	B	B	D	B	A	A	C	C	D	D	B	B	5

SEQUENCING

UNITS

1	2	3	4	5	6	7	8	9	10	11	12	13	14	15	16	17	18	19	20	21	22	23	24	25
B	A	B	B	A	B	A	B	B	B	A	B	B	A	A	B	A	B	B	A	B	B	A	B	A

SEQUENCING Answer Key—Preparatory Level

UNITS

1	2	3	4	5	6	7	8	9	10	11	12	13	14	15	16	17	18	19	20	21	22	23	24	25
B	A	B	B	A	B	A	B	B	A	A	B	A	B	B	A	B	A	A	B	B	A	B	B	A

SEQUENCING Answer Key—Book A

UNITS

1	2	3	4	5	6	7	8	9	10	11	12	13	14	15	16	17	18	19	20	21	22	23	24	25
C	A	B	C	B	A	C	B	A	C	B	C	C	B	C	A	A	B	B	C	A	B	C	A	A

SEQUENCING Answer Key—Book B

UNITS

	1	2	3	4	5	6	7	8	9	10	11	12	13	14	15	16	17	18	19	20	21	22	23	24	25
1	C	B	A	C	B	A	B	B	C	C	B	A	C	A	C	B	B	B	C	C	C	B	B	B	A
2	B	A	C	A	C	C	B	A	B	B	C	B	C	B	C	C	A	A	A	B	B	A	C	B	C

	26	27	28	29	30	31	32	33	34	35	36	37	38	39	40	41	42	43	44	45	46	47	48	49	50
1	B	C	C	C	A	A	C	B	C	C	C	A	C	B	B	B	B	C	A	C	C	B	B	B	C
2	B	A	A	A	C	B	A	C	A	A	A	B	A	A	C	C	B	B	B	B	A	C	A	A	B

SEQUENCING

UNITS

	1	2	3	4	5	6	7	8	9	10	11	12	13	14	15	16	17	18	19	20	21	22	23	24	25	
1	C	A	B	B	B	B	B	C	B	C	C	B	C	B	B	B	B	C	C	A	B	B	C	B	B	1
2	A	A	B	C	A	B	A	A	C	B	C	B	A	B	A	C	C	C	B	B	A	C	B	B	A	2
3	A	C	C	A	B	B	A	B	C	B	B	C	B	A	C	A	C	A	B	C	B	A	C	B	C	3
4	B	B	A	A	A	C	B	C	C	A	C	B	A	C	B	C	A	A	A	C	C	B	A	A	C	4

SEQUENCING

Answer Key—Book D

UNITS

	1	2	3	4	5	6	7	8	9	10	11	12	13	14	15	16	17	18	19	20	21	22	23	24	25	
1	A	C	B	B	B	C	A	C	B	B	B	C	B	C	B	C	A	C	C	C	B	B	B	A	B	1
2	B	A	C	A	A	B	A	A	A	B	A	C	A	C	A	A	C	B	C	B	A	C	C	C	C	2
3	C	C	B	C	B	C	C	A	B	C	C	A	B	A	B	C	B	C	A	A	B	A	B	B	C	3
4	C	B	C	B	A	A	B	B	C	C	C	B	B	C	A	C	B	B	B	A	C	C	B	C	B	4
5	B	C	B	C	A	B	B	A	C	B	B	B	C	B	C	C	C	C	B	B	A	A	C	B	A	5

SEQUENCING

Answer Key—Book E

UNITS

	1	2	3	4	5	6	7	8	9	10	11	12	13	14	15	16	17	18	19	20	21	22	23	24	25	
1	C	A	C	D	A	D	B	B	A	D	A	D	B	D	C	D	C	D	C	D	B	D	D	B	C	1
2	D	B	A	B	C	A	A	C	B	C	D	A	A	A	D	D	A	A	D	B	A	B	A	A	D	2
3	B	C	D	A	A	B	A	C	B	A	A	D	C	B	A	A	B	B	B	A	B	C	D	A	A	3
4	A	D	B	D	D	D	C	B	D	B	C	B	B	C	B	C	D	D	A	C	C	A	B	C	B	4
5	C	C	D	C	B	B	D	A	C	D	B	A	D	A	C	A	B	A	C	D	D	D	D	B	B	5

52

SEQUENCING

UNITS

	1	2	3	4	5	6	7	8	9	10	11	12	13	14	15	16	17	18	19	20	21	22	23	24	25	
1	B	B	C	B	D	B	D	C	A	C	B	B	A	C	B	D	B	B	B	D	B	A	D	B	C	1
2	C	A	B	D	A	B	B	B	C	A	C	A	C	B	C	C	B	D	C	A	C	C	B	D	B	2
3	B	B	A	C	C	B	D	A	B	B	A	D	B	C	B	A	B	A	A	D	A	C	C	D	A	3
4	A	C	D	A	B	A	A	D	D	A	D	B	D	A	A	A	A	C	D	D	C	D	D	A	D	4
5	D	A	B	B	A	D	C	A	A	C	C	D	B	D	C	B	D	B	C	B	D	B	C	B	B	5

SEQUENCING

UNITS

	1	2	3	4	5	6	7	8	9	10	11	12	13	14	15	16	17	18	19	20	21	22	23	24	25	
1	A	A	C	D	D	A	C	A	B	B	B	B	D	C	D	D	C	D	D	B	C	C	C	B	A	1
2	B	C	D	C	C	B	B	C	A	D	C	A	B	C	B	C	B	C	C	D	C	B	B	C	B	2
3	D	B	C	A	B	C	B	B	B	D	B	C	B	C	C	D	D	C	A	A	C	C	B	C	C	3
4	D	B	A	B	A	B	B	D	D	B	C	D	A	A	D	B	D	D	A	B	D	A	C	B	A	4
5	A	C	B	B	B	C	A	B	A	C	A	C	C	B	A	D	A	B	D	C	C	B	D	B	D	5

SEQUENCING

UNITS

	1	2	3	4	5	6	7	8	9	10	11	12	13	14	15	16	17	18	19	20	21	22	23	24	25	
1	C	B	C	D	C	C	B	B	C	B	C	C	A	A	A	B	C	B	B	B	B	D	B	C	D	1
2	D	C	B	C	B	A	A	C	D	B	C	C	D	A	B	B	A	D	C	A	B	C	B	D	B	2
3	B	A	C	A	A	D	C	D	B	A	B	A	D	C	A	C	B	B	C	C	B	C	D	B	D	3
4	D	D	D	C	C	D	C	B	C	C	D	D	C	B	A	A	B	C	B	C	A	A	C	A	C	4
5	A	B	B	D	B	C	A	B	A	B	D	D	B	B	C	D	A	C	C	D	C	C	A	B	B	5

MAKING INFERENCES Answer Key—Picture Level

UNITS

	1	2	3	4	5	6	7	8	9	10	11	12	13	14	15	16	17	18	19	20	21	22	23	24	25	
1	B	A	B	B	A	B	B	A	B	B	A	B	A	B	B	A	B	A	A	B	A	A	B	B	B	1

	26	27	28	29	30	31	32	33	34	35	36	37	38	39	40	41	42	43	44	45	46	47	48	49	50	
1	B	A	A	B	B	A	B	B	A	B	A	A	B	B	A	B	B	A	B	A	B	B	A	B	B	1

MAKING INFERENCES Answer Key—Preparatory Level

UNITS

	1	2	3	4	5	6	7	8	9	10	11	12	13	14	15	16	17	18	19	20	21	22	23	24	25	
1	B	B	A	B	A	B	A	B	B	A	A	B	A	B	B	B	A	B	A	A	B	A	B	B	A	1

	26	27	28	29	30	31	32	33	34	35	36	37	38	39	40	41	42	43	44	45	46	47	48	49	50	
1	B	A	A	B	A	A	B	A	B	B	A	B	A	A	B	A	B	B	B	A	B	A	A	B	B	1

MAKING INFERENCES Answer Key—Book A

UNITS

	1	2	3	4	5	6	7	8	9	10	11	12	13	14	15	16	17	18	19	20	21	22	23	24	25	
1	C	B	B	A	B	C	C	B	A	A	C	C	C	B	A	C	B	C	B	A	B	C	B	C	A	1

	26	27	28	29	30	31	32	33	34	35	36	37	38	39	40	41	42	43	44	45	46	47	48	49	50	
1	B	B	A	C	B	A	C	C	B	A	C	B	B	B	B	C	A	C	C	A	A	C	B	C	A	1

MAKING INFERENCES Answer Key—Book B

UNITS

	1	2	3	4	5	6	7	8	9	10	11	12	13	14	15	16	17	18	19	20	21	22	23	24	25	
1	C	B	C	B	C	B	A	B	C	C	C	A	C	C	A	C	B	A	C	B	A	B	C	B	A	1
2	A	B	C	A	B	A	C	C	A	B	B	C	B	A	B	A	A	C	C	A	C	C	B	A	C	2
3	B	C	B	C	C	C	B	B	C	B	B	B	C	B	C	B	C	B	A	C	C	B	B	C	B	3
4	C	A	A	B	A	C	C	B	A	A	A	C	B	B	B	C	B	C	C	B	A	A	C	B	A	4

UNITS (1–13)

1
	1	2	3	4	5	6	7	8	9	10	11	12	13
A	F	–	F	F	F	T	F	F	F	F	T	F	T
B	T	F	T	–	–	–	T	T	T	–	–	T	–
C	–	T	T	T	F	T	F	F	–	F	F	–	F

2
	1	2	3	4	5	6	7	8	9	10	11	12	13
A	T	T	–	T	T	F	T	T	F	T	T	–	–
B	T	F	F	–	T	T	F	–	–	–	F	–	F
C	–	–	T	F	–	–	–	F	F	F	–	T	–

3
	1	2	3	4	5	6	7	8	9	10	11	12	13
A	–	F	F	–	F	–	F	F	–	T	F	–	F
B	F	T	–	F	T	–	T	T	T	–	–	–	–
C	T	–	T	F	F	F	F	–	F	F	–	F	F

4
	1	2	3	4	5	6	7	8	9	10	11	12	13
A	F	–	F	T	T	T	–	F	F	T	T	F	T
B	–	F	T	T	–	–	F	F	T	T	T	T	T
C	T	–	T	T	F	F	T	T	–	F	F	–	–

5
	1	2	3	4	5	6	7	8	9	10	11	12	13
A	F	–	T	F	F	F	F	F	–	–	–	F	T
B	F	T	T	T	–	T	T	T	F	T	T	F	–
C	–	T	F	–	T	–	–	T	T	F	–	T	F

UNITS (14–25)

1
	14	15	16	17	18	19	20	21	22	23	24	25
A	T	T	T	–	F	T	T	F	–	F	F	T
B	F	F	T	T	F	F	F	F	F	F	T	–
C	–	–	–	–	T	T	F	–	T	F	–	F

2
	14	15	16	17	18	19	20	21	22	23	24	25
A	–	–	–	–	–	T	T	–	F	F	–	T
B	–	–	T	T	T	F	F	F	F	F	–	F
C	F	T	F	F	F	F	T	–	–	T	T	–

3
	14	15	16	17	18	19	20	21	22	23	24	25
A	T	F	T	F	T	–	T	T	T	T	T	–
B	T	–	F	–	–	–	F	F	F	F	F	F
C	–	T	T	T	F	T	T	F	–	T	–	T

4
	14	15	16	17	18	19	20	21	22	23	24	25
A	F	F	F	F	T	F	F	–	–	–	–	F
B	T	F	T	T	–	F	F	F	F	F	–	T
C	F	–	–	–	T	–	T	F	T	T	F	–

5
	14	15	16	17	18	19	20	21	22	23	24	25
A	F	F	T	T	F	F	–	F	F	–	F	T
B	–	F	T	F	T	–	F	–	T	F	–	F
C	T	–	T	–	T	T	T	T	F	T	T	T

MAKING INFERENCES
Answer Key—Book D

UNITS (Questions 1–13)

Unit 1

	1	2	3	4	5	6	7	8	9	10	11	12	13
A	T	F	T	T	T	T	T	F	T	F	T	F	F
B	F	—	F	T	F	F	F	T	T	F	—	T	T
C	—	T	—	—	—	F	F	—	—	—	F	—	F
D	T	F	T	F	F	T	F	T	F	T	T	F	—

Unit 2

	1	2	3	4	5	6	7	8	9	10	11	12	13
A	F	—	T	F	—	F	T	T	—	—	T	—	T
B	—	F	—	—	F	—	—	F	F	F	F	F	F
C	T	T	T	T	T	T	T	T	T	T	T	F	—
D	T	F	F	T	—	F	F	—	F	T	F	T	T

Unit 3

	1	2	3	4	5	6	7	8	9	10	11	12	13
A	T	T	T	—	T	—	F	—	F	T	—	T	T
B	F	T	F	F	F	F	F	—	T	T	F	F	F
C	—	F	F	T	—	F	—	F	F	F	T	F	F
D	T	F	T	—	T	T	T	T	T	T	T	F	—

Unit 4

	1	2	3	4	5	6	7	8	9	10	11	12	13
A	T	—	F	T	F	—	F	T	F	F	—	T	—
B	—	F	—	F	F	F	T	—	—	T	F	F	T
C	T	—	T	T	F	T	T	F	F	—	T	—	F
D	F	T	F	F	T	T	T	T	T	T	T	T	T

Unit 5

	1	2	3	4	5	6	7	8	9	10	11	12	13
A	F	—	F	F	T	F	T	T	—	—	F	T	T
B	F	F	T	T	F	T	F	F	T	F	T	F	F
C	C	T	—	F	F	—	F	F	F	T	—	T	—

UNITS (Questions 14–25)

Unit 1

	14	15	16	17	18	19	20	21	22	23	24	25
A	F	T	T	F	F	F	T	T	—	—	F	F
B	T	F	F	F	T	—	F	F	F	T	—	T
C	—	—	F	—	T	F	F	—	—	F	F	F
D	F	—	—	T	F	—	F	T	T	F	T	—

Unit 2

	14	15	16	17	18	19	20	21	22	23	24	25
A	F	F	F	T	F	F	T	F	T	T	T	—
B	F	—	T	F	F	—	T	F	F	—	F	—
C	—	F	—	T	F	F	F	T	—	F	F	T
D	T	T	—	F	F	F	—	—	T	T	—	F

Unit 3

	14	15	16	17	18	19	20	21	22	23	24	25
A	F	F	T	—	T	T	T	T	T	F	—	—
B	—	—	—	T	—	—	F	—	F	—	F	T
C	F	F	T	F	F	F	F	—	T	T	T	F
D	F	F	F	F	F	F	F	F	F	F	T	F

Unit 4

	14	15	16	17	18	19	20	21	22	23	24	25
A	—	T	F	F	F	F	F	T	—	—	F	T
B	T	F	F	F	—	T	T	F	F	F	T	T
C	F	—	—	F	F	T	—	T	—	F	T	—
D	T	T	T	—	F	—	—	F	F	T	F	F

Unit 5

	14	15	16	17	18	19	20	21	22	23	24	25
A	F	F	F	F	T	T	F	F	F	—	—	T
B	—	T	F	T	T	T	F	T	F	F	T	F
C	T	T	T	—	F	F	T	T	T	T	—	F

Answer Key—Book E

UNITS

Questions 14–25

Unit 1

	14	15	16	17	18	19	20	21	22	23	24	25
A	T	—	—	—	F	F	—	—	T	—	—	—
B	—	—	T	T	—	—	F	F	F	—	—	T
C	T	T	T	F	—	T	F	T	F	T	F	T
D	F	F	T	—	F	—	F	F	—	F	—	—

Unit 2

	14	15	16	17	18	19	20	21	22	23	24	25
A	—	F	F	F	—	—	—	—	F	F	T	—
B	F	T	F	—	—	F	T	T	F	—	F	F
C	T	F	F	F	T	T	F	—	F	—	F	F
D	—	T	T	T	F	T	F	F	T	F	—	—

Unit 3

	14	15	16	17	18	19	20	21	22	23	24	25
A	—	F	F	—	T	T	T	—	F	T	T	F
B	F	T	T	—	F	F	F	T	F	F	T	—
C	T	F	—	F	F	—	F	F	—	T	—	F
D	—	—	—	T	—	T	F	T	T	T	F	T

Unit 4

	14	15	16	17	18	19	20	21	22	23	24	25
A	F	—	F	F	F	F	F	T	—	—	F	T
B	T	—	F	T	—	—	—	—	F	F	T	—
C	—	T	T	—	F	F	F	F	T	T	—	F
D	F	F	F	F	T	T	T	—	F	T	T	T

Unit 5

	14	15	16	17	18	19	20	21	22	23	24	25
A	T	T	F	T	—	T	T	T	T	F	T	T
B	F	T	—	F	T	F	—	T	F	F	—	—
C	T	—	—	—	F	T	F	F	—	T	F	—
D	—	T	T	F	F	T	T	T	T	—	T	F

Questions 1–13

Unit 1

	1	2	3	4	5	6	7	8	9	10	11	12	13
A	F	T	F	T	T	—	—	T	T	—	T	—	T
B	F	F	T	T	—	F	F	T	—	T	F	F	—
C	—	F	T	F	F	T	F	F	—	F	—	T	T
D	—	—	F	—	F	T	F	F	F	T	—	—	F

Unit 2

	1	2	3	4	5	6	7	8	9	10	11	12	13
A	F	F	F	—	—	—	—	F	F	T	—	F	—
B	—	T	T	T	F	T	T	T	—	F	F	F	T
C	T	F	T	F	F	T	T	—	F	T	F	T	—
D	—	—	T	T	F	F	F	—	F	T	T	—	F

Unit 3

	1	2	3	4	5	6	7	8	9	10	11	12	13
A	T	T	—	T	F	—	—	F	T	—	F	T	T
B	—	—	T	F	T	T	T	—	T	F	—	F	—
C	—	—	F	T	T	T	T	T	—	T	T	—	F
D	F	F	F	T	—	F	F	F	F	T	—	F	F

Unit 4

	1	2	3	4	5	6	7	8	9	10	11	12	13
A	T	T	T	F	—	T	F	F	F	T	T	—	F
B	—	—	F	—	—	F	T	—	T	F	—	F	—
C	—	T	—	T	T	—	T	F	—	—	—	T	F
D	F	—	—	T	F	—	F	T	F	T	F	—	T

Unit 5

	1	2	3	4	5	6	7	8	9	10	11	12	13
A	F	F	T	T	—	T	—	—	T	T	T	T	T
B	T	T	—	—	F	—	T	T	F	—	F	F	F
C	F	—	T	T	—	F	T	F	F	—	—	F	F
D	—	—	F	—	F	T	T	F	—	T	T	T	—

MAKING INFERENCES
Answer Key—Book F
UNITS

Questions 1–13

Unit 1

	1	2	3	4	5	6	7	8	9	10	11	12	13
A	F	F	F	T	T	F	—	T	T	T	F	F	T
B	T	T	T	—	T	—	—	T	F	F	—	F	T
C	T	—	—	F	F	F	—	F	F	—	—	F	T
D	—	F	—	T	T	T	F	—	T	T	—	—	—

Unit 2

	1	2	3	4	5	6	7	8	9	10	11	12	13
A	T	T	F	F	F	F	F	F	—	—	T	—	F
B	—	—	—	—	F	—	—	F	F	F	F	F	F
C	F	—	F	T	F	T	—	—	F	F	F	F	—
D	—	—	T	F	T	—	T	—	—	—	—	—	T

Unit 3

	1	2	3	4	5	6	7	8	9	10	11	12	13
A	T	—	—	F	—	F	T	—	F	F	—	F	F
B	—	—	F	F	T	T	—	F	F	T	—	T	T
C	—	—	T	T	F	—	F	F	F	—	F	—	F
D	F	T	T	T	T	—	T	T	T	T	T	F	—

Unit 4

	1	2	3	4	5	6	7	8	9	10	11	12	13
A	T	T	F	T	T	T	T	F	F	F	T	T	T
B	—	—	T	F	F	—	—	T	F	—	F	—	T
C	F	F	—	T	—	T	F	T	T	—	—	—	—
D	T	T	T	T	T	T	T	T	T	F	F	T	F

Unit 5

	1	2	3	4	5	6	7	8	9	10	11	12	13
A	T	T	—	T	T	F	—	F	F	F	—	F	F
B	T	—	T	F	F	—	—	T	T	T	T	—	T
C	T	F	F	T	T	T	T	T	T	T	F	F	F

MAKING INFERENCES
Answer Key—Book F
UNITS

Questions 14–25

Unit 1

	14	15	16	17	18	19	20	21	22	23	24	25
A	T	T	T	T	T	F	F	—	—	T	T	T
B	—	T	T	—	T	T	F	—	T	T	F	F
C	T	F	—	F	F	T	—	T	T	F	F	F
D	F	F	F	T	T	—	T	F	F	F	—	T

Unit 2

	14	15	16	17	18	19	20	21	22	23	24	25
A	—	T	T	T	T	—	T	T	T	T	—	F
B	T	F	T	—	—	T	—	F	—	—	F	T
C	F	F	T	F	—	T	F	F	F	T	F	—
D	F	F	F	T	T	T	—	T	T	F	F	—

Unit 3

	14	15	16	17	18	19	20	21	22	23	24	25
A	—	F	F	T	F	T	T	T	T	T	T	—
B	T	T	T	—	T	F	F	T	F	F	F	T
C	T	T	—	—	F	—	F	F	F	T	—	T
D	F	F	F	F	—	T	T	—	T	T	F	T

Unit 4

	14	15	16	17	18	19	20	21	22	23	24	25
A	T	T	F	T	—	T	T	F	F	F	—	F
B	T	—	F	F	F	T	F	F	T	T	F	T
C	—	T	T	—	—	T	T	T	—	T	T	F
D	F	T	T	T	F	—	—	F	—	—	—	—

Unit 5

	14	15	16	17	18	19	20	21	22	23	24	25
A	F	F	T	—	T	F	T	T	T	—	—	F
B	T	T	—	—	T	T	T	—	—	T	—	—
C	T	F	F	F	F	F	F	T	F	T	F	F

58

Answer Key—Book G

UNITS

Questions 1–13

Unit 1

	1	2	3	4	5	6	7	8	9	10	11	12	13
A	F	F	T	F	T	T	–	–	–	T	F	–	–
B	–	–	F	F	F	F	F	–	F	–	–	F	F
C	T	T	–	–	F	F	–	F	T	T	T	T	T
D	–	F	F	T	–	–	F	T	T	T	–	–	F

Unit 2

	1	2	3	4	5	6	7	8	9	10	11	12	13
A	–	T	T	–	–	T	T	T	–	T	T	F	–
B	T	T	F	T	T	T	T	T	F	–	T	T	T
C	F	F	–	T	F	–	–	T	T	T	F	T	F
D	F	–	–	F	F	F	F	–	F	F	–	T	T

Unit 3

	1	2	3	4	5	6	7	8	9	10	11	12	13
A	–	–	F	T	–	–	F	–	–	–	T	T	–
B	T	T	–	F	F	F	T	F	F	T	F	F	T
C	F	F	T	T	F	T	T	T	T	T	–	T	F
D	T	F	–	F	T	T	F	T	F	F	–	–	T

Unit 4

	1	2	3	4	5	6	7	8	9	10	11	12	13
A	F	F	T	T	T	T	T	T	–	–	F	F	T
B	T	–	F	F	F	T	–	T	F	T	T	T	T
C	–	T	T	F	F	–	F	F	T	F	–	–	F
D	F	T	T	–	T	–	T	T	–	T	T	F	–

Unit 5

	1	2	3	4	5	6	7	8	9	10	11	12	13
A	F	–	–	–	F	T	F	F	–	–	F	F	–
B	–	F	F	F	T	F	T	F	F	T	T	T	–
C	T	T	T	T	F	T	F	–	T	F	–	–	T
D	T	T	F	T	–	–	T	T	F	F	F	F	T

Questions 14–25

Unit 1

	14	15	16	17	18	19	20	21	22	23	24	25
A	T	–	T	T	F	–	–	–	–	T	T	T
B	T	T	–	F	T	–	–	–	T	F	T	F
C	F	F	F	T	T	T	F	T	F	–	–	–
D	–	T	T	–	–	F	F	F	–	–	F	T

Unit 2

	14	15	16	17	18	19	20	21	22	23	24	25
A	T	T	–	F	T	T	T	T	–	T	–	T
B	–	F	T	–	F	–	T	T	T	–	–	T
C	F	–	T	T	T	T	–	F	F	F	F	–
D	–	T	F	–	F	F	–	–	–	–	F	F

Unit 3

	14	15	16	17	18	19	20	21	22	23	24	25
A	F	T	–	T	F	T	–	–	T	F	F	T
B	T	F	T	F	F	–	T	F	–	T	T	–
C	T	F	T	–	–	F	–	T	F	–	–	–
D	–	F	F	F	–	F	T	T	–	T	T	F

Unit 4

	14	15	16	17	18	19	20	21	22	23	24	25
A	T	F	–	T	F	–	T	T	F	F	–	–
B	T	T	T	–	T	–	F	–	F	T	F	F
C	F	T	T	T	F	T	–	T	T	T	T	T
D	–	–	–	F	F	F	T	F	–	F	–	–

Unit 5

	14	15	16	17	18	19	20	21	22	23	24	25
A	–	T	T	–	–	T	T	T	–	–	–	–
B	F	F	F	F	T	T	F	T	F	F	F	T
C	T	–	F	T	T	–	–	T	F	T	T	–
D	–	F	–	F	F	F	T	F	–	T	T	F

MAKING INFERENCES
Answer Key—Book H

UNITS

	14	15	16	17	18	19	20	21	22	23	24	25	
1	A	T	F	T	—	F	F	F	—	T	F	—	—	A
	B	—	F	—	T	—	—	F	T	T	—	F	T	B
	C	T	—	—	F	T	—	—	F	F	—	T	T	C
	D	T	T	T	—	T	T	F	T	T	T	T	F	D
2	A	T	T	T	—	T	—	F	—	T	T	F	T	A
	B	T	T	—	F	F	F	T	—	F	—	F	F	B
	C	—	F	F	T	—	—	T	F	—	F	F	T	C
	D	F	T	T	F	T	T	T	F	T	T	—	—	D
3	A	—	F	F	T	F	F	F	—	T	F	F	—	A
	B	F	—	F	—	—	—	T	T	—	—	—	F	B
	C	—	T	—	—	—	T	T	T	T	F	F	—	C
	D	T	T	T	T	T	F	F	F	T	T	T	T	D
4	A	T	—	T	T	T	T	T	—	T	—	—	F	A
	B	T	T	F	F	T	T	—	F	F	—	F	—	B
	C	T	T	—	—	F	—	F	T	T	F	F	T	C
	D	—	—	—	F	T	F	T	F	T	T	T	T	D
5	A	—	—	F	F	F	—	—	T	—	—	F	F	A
	B	F	F	—	F	F	T	T	—	F	F	T	—	B
	C	F	—	T	F	T	T	F	F	T	T	—	T	C

	1	2	3	4	5	6	7	8	9	10	11	12	13	
1	A	T	T	—	—	—	T	T	F	F	—	—	—	—	A
	B	T	F	T	T	F	—	T	—	—	T	—	T	F	B
	C	—	—	F	F	T	F	F	T	T	F	F	F	—	C
	D	F	T	T	T	T	T	—	T	—	T	T	—	T	D
2	A	—	T	—	T	T	T	T	F	—	T	T	—	—	A
	B	—	F	T	—	T	T	—	T	—	T	—	F	T	B
	C	F	T	T	T	F	—	F	T	T	—	T	—	F	C
	D	T	—	F	F	T	F	T	—	T	F	T	T	T	D
3	A	T	T	—	—	—	—	T	T	—	T	—	—	F	A
	B	F	F	T	T	F	T	T	T	T	—	T	F	—	B
	C	F	T	T	—	T	—	F	—	T	F	T	T	—	C
	D	—	F	F	T	T	T	T	T	F	T	F	F	T	D
4	A	—	T	T	—	F	F	T	T	F	F	—	F	—	A
	B	T	—	F	F	—	—	—	F	T	T	T	T	T	B
	C	—	T	T	T	T	T	F	—	T	—	T	—	F	C
	D	F	F	F	—	T	T	T	F	T	F	F	—	—	D
5	A	T	F	—	T	—	T	T	F	F	F	T	T	T	A
	B	—	—	F	T	—	T	T	—	F	—	T	F	T	B
	C	T	T	T	T	F	F	F	—	F	F	T	—	F	C

60

Reproducible Blackline Worksheets

Title	Use Form

USING PHONICS/USING WORD STUDY
Picture Level, Preparatory...13
A (2 pages) 14
B (2 pages) 15
C, D, E, F, G, H (2 pages) 16

GETTING THE MAIN IDEA
Picture Level, Preparatory, A...................................11
B 4
C, D, E, F, G, H 5

FINDING DETAILS
Picture Level, Preparatory....................................3
A, B 5
C 6
D, E, F, G, H..7

COMPARING AND CONTRASTING
Picture Level 1
Preparatory 2
A 11
B (2 pages) 8
C, D, E, F, G, H 5

IDENTIFYING CAUSE AND EFFECT
Picture Level, Preparatory, A...............................11
B, C, D, E, F, G, H 5

IDENTIFYING FACT AND OPINION
Picture Level, Preparatory, A...............................11
B, C, D, E, F, G, H 5

DRAWING CONCLUSIONS
Picture Level, Preparatory, A...............................11
B 4
C, D, E, F, G, H 5

SEQUENCING
Picture Level, Preparatory, A.................................1
B 12
C 4
D, E, F, G, H..5

MAKING INFERENCES
Picture Level, Preparatory, A...............................11
B 4
C (2 pages) 9
D, E, F, G, H (2 pages)......................................10

Form 1

Sequencing—Picture Level—A
Comparing and Contrasting—Picture Level

NAME _____ BOOK _____

UNITS

1	2	3	4	5	6	7	8	9	10	11	12	13	14	15	16	17	18	19	20	21	22	23	24	25

1

1

Comparing and Contrasting—Preparatory Level

NAME _____ BOOK _____

UNITS

	1	2	3	4	5	6	7	8	9	10	11	12	13	14	15	16	17	18	19	20	21	22	23	24	25	
1																										**1**
2																										**2**
TOTAL																										**TOTAL**

Finding Details—Picture Level–Preparatory Level

NAME _____ BOOK _____

UNITS

	1	2	3	4	5	6	7	8	9	10	11	12	13	14	15	16	17	18	19	20	21	22	23	24	25	
1																										1
2																										2
3																										3
TOTAL																										TOTAL

WORKSHEET

Form 4

Getting the Main Idea—B   Sequencing—C
Drawing Conclusions—B   Making Inferences—B

NAME _____

BOOK _____

UNITS

	1	2	3	4	5	6	7	8	9	10	11	12	13	14	15	16	17	18	19	20	21	22	23	24	25	
1																										1
2																										2
3																										3
4																										4
TOTAL																										TOTAL

65

WORKSHEET

Form 5

Identifying Cause and Effect—B–H   Getting the Main Idea—C–H
Finding Details—A–B   Drawing Conclusions—C–H
Sequencing—D–H   Identifying Fact and Opinion—B–H
Comparing and Contrasting—C–H

NAME _____ BOOK _____

UNITS

	1	2	3	4	5	6	7	8	9	10	11	12	13	14	15	16	17	18	19	20	21	22	23	24	25	
1																										1
2																										2
3																										3
4																										4
5																										5
TOTAL																										TOTAL

Finding Details—C

NAME _____ BOOK _____

UNITS

	1	2	3	4	5	6	7	8	9	10	11	12	13	14	15	16	17	18	19	20	21	22	23	24	25	
1																										1
2																										2
3																										3
4																										4
5																										5
6																										6
7																										7
8																										8
TOTAL																										TOTAL

Finding Details—D–H

NAME _____

BOOK _____

UNITS

	1	2	3	4	5	6	7	8	9	10	11	12	13	14	15	16	17	18	19	20	21	22	23	24	25	
1																										1
2																										2
3																										3
4																										4
5																										5
6																										6
7																										7
8																										8
9																										9
10																										10
TOTAL																										TOTAL

Comparing and Contrasting—B

NAME _____   _____ BOOK

UNITS

	1	2	3	4	5	6	7	8	9	10	11	12	13	14	15	16	17	18	19	20	21	22	23	24	25	
1																										
2																										
3																										
4																										
5																										
TOTAL																										TOTAL

Comparing and Contrasting—B

NAME _____ BOOK _____

UNITS

	26	27	28	29	30	31	32	33	34	35	36	37	38	39	40	41	42	43	44	45	46	47	48	49	50	
1																										1
2																										2
3																										3
4																										4
5																										5
TOTAL																										TOTAL

Making Inferences—C

NAME _____ BOOK _____

UNITS

		1	2	3	4	5	6	7	8	9	10	11	12	13		
1	A														A	
	B														B	
	C														C	
	TOTAL														TOTAL	
2	A														A	
	B														B	
	C														C	
	TOTAL														TOTAL	
3	A														A	
	B														B	
	C														C	
	TOTAL														TOTAL	
4	A														A	
	B														B	
	C														C	
	TOTAL														TOTAL	
5	A														A	
	B														B	
	C														C	
	TOTAL														TOTAL	
UNIT TOTAL															UNIT TOTAL	

Making Inferences—C

NAME _____ BOOK _____

UNITS

		14	15	16	17	18	19	20	21	22	23	24	25		
1	A														A
	B														B
	C														C
	TOTAL														TOTAL
2	A														A
	B														B
	C														C
	TOTAL														TOTAL
3	A														A
	B														B
	C														C
	TOTAL														TOTAL
4	A														A
	B														B
	C														C
	TOTAL														TOTAL
5	A														A
	B														B
	C														C
	TOTAL														TOTAL
UNIT TOTAL															UNIT TOTAL

Making Inferences—D–H

NAME _____ BOOK _____

UNITS

	1	2	3	4	5	6	7	8	9	10	11	12	13	
1 A														A
B														B
C														C
D														D
TOTAL														TOTAL
2 A														A
B														B
C														C
D														D
TOTAL														TOTAL
3 A														A
B														B
C														C
D														D
TOTAL														TOTAL
4 A														A
B														B
C														C
D														D
TOTAL														TOTAL
5 A														A
B														B
C														C
D														D
TOTAL														TOTAL
UNIT TOTAL														UNIT TOTAL

Making Inferences—D–H

NAME _____ BOOK _____

UNITS

		14	15	16	17	18	19	20	21	22	23	24	25		
1	A													A	
	B													B	
	C													C	
	D													D	
	TOTAL													TOTAL	
2	A													A	
	B													B	
	C													C	
	D													D	
	TOTAL													TOTAL	
3	A													A	
	B													B	
	C													C	
	D													D	
	TOTAL													TOTAL	
4	A													A	
	B													B	
	C													C	
	D													D	
	TOTAL													TOTAL	
5	A													A	
	B													B	
	C													C	
	D													D	
	TOTAL													TOTAL	
UNIT TOTAL														UNIT TOTAL	

Comparing and Contrasting—A

Getting the Main Idea—Picture Level–A

Drawing Conclusions—Picture Level–A

Making Inferences—Picture Level–A

Identifying Cause and Effect—Picture Level–A

Identifying Fact and Opinion—Picture Level–A

NAME _____ BOOK _____

UNITS

1	2	3	4	5	6	7	8	9	10	11	12	13	14	15	16	17	18	19	20	21	22	23	24	25

1

26	27	28	29	30	31	32	33	34	35	36	37	38	39	40	41	42	43	44	45	46	47	48	49	50

1

1

Sequencing—B

NAME _____ BOOK _____

UNITS

	1	2	3	4	5	6	7	8	9	10	11	12	13	14	15	16	17	18	19	20	21	22	23	24	25	
1																										1
2																										2
TOTAL																										TOTAL

	26	27	28	29	30	31	32	33	34	35	36	37	38	39	40	41	42	43	44	45	46	47	48	49	50	
1																										1
2																										2
TOTAL																										TOTAL

Using Phonics—Picture Level–Preparatory Level

NAME _____ BOOK _____

UNITS

	1	2	3	4	5	6	7	8	9	10	11	12	13	14	15	16	17	18	19	20	21	22	23	24	25	
1																										1
2																										2
3																										3
4																										4
TOTAL																										TOTAL

	26	27	28	29	30	31	32	33	34	35	36	37	38	39	40	41	42	43	44	45	46	47	48	49	50	
1																										1
2																										2
3																										3
4																										4
TOTAL																										TOTAL

Using Phonics—A

NAME _____

BOOK _____

UNITS

	1	2	3	4	5	6	7	8	9	10	11	12	13	14	15	16	17	18	19	20	21	22	23	24	25	
1																										**1**
2																										**2**
3																										**3**
4																										**4**
5																										**5**
6																										**6**
TOTAL																										**TOTAL**

WORKSHEET

Using Phonics—A

NAME _____ BOOK _____

UNITS

	26	27	28	29	30	31	32	33	34	35	36	37	38	39	40	41	42	43	44	45	46	47	48	49	50	
1																										1
2																										2
3																										3
4																										4
5																										5
6																										6
TOTAL																										TOTAL

Using Phonics—B

NAME _____

BOOK _____

UNITS

	1	2	3	4	5	6	7	8	9	10	11	12	13	14	15	16	17	18	19	20	21	22	23	24	25	
1																										1
2																										2
3																										3
4																										4
5																										5
6																										6
7																										7
TOTAL																										TOTAL

WORKSHEET

Using Phonics—B

NAME _____   BOOK _____

UNITS

	26	27	28	29	30	31	32	33	34	35	36	37	38	39	40	41	42	43	44	45	46	47	48	49	50	
1																										1
2																										2
3																										3
4																										4
5																										5
6																										6
7																										7
TOTAL																										TOTAL

WORKSHEET

Using Phonics/Using Word Study—C–H

NAME _____

BOOK _____

UNITS

	1	2	3	4	5	6	7	8	9	10	11	12	13	14	15	16	17	18	19	20	21	22	23	24	25	
1																										1
2																										2
3																										3
4																										4
5																										5
6																										6
7																										7
8																										8
9																										9
10																										10
TOTAL																										TOTAL

Using Phonics/Using Word Study—C–H

NAME _____ BOOK _____

UNITS

	26	27	28	29	30	31	32	33	34	35	36	37	38	39	40	41	42	43	44	45	46	47	48	49	50	
1																										1
2																										2
3																										3
4																										4
5																										5
6																										6
7																										7
8																										8
9																										9
10																										10
TOTAL																										TOTAL

SPECIFIC SKILL SERIES

CLASS RECORD SHEET

NAME		Using Phonics/Using Word Study		Getting the Main Idea		Finding Details		Comparing and Contrasting		Identifying Cause and Effect		Identifying Fact and Opinion		Drawing Conclusions		Sequencing		Making Inferences	
Last	First	Letter	Average	Letter	Average	Letter	Average	Letter	Average	Letter	Average	Letter	Average	Letter	Average	Letter	Average	Letter	Average

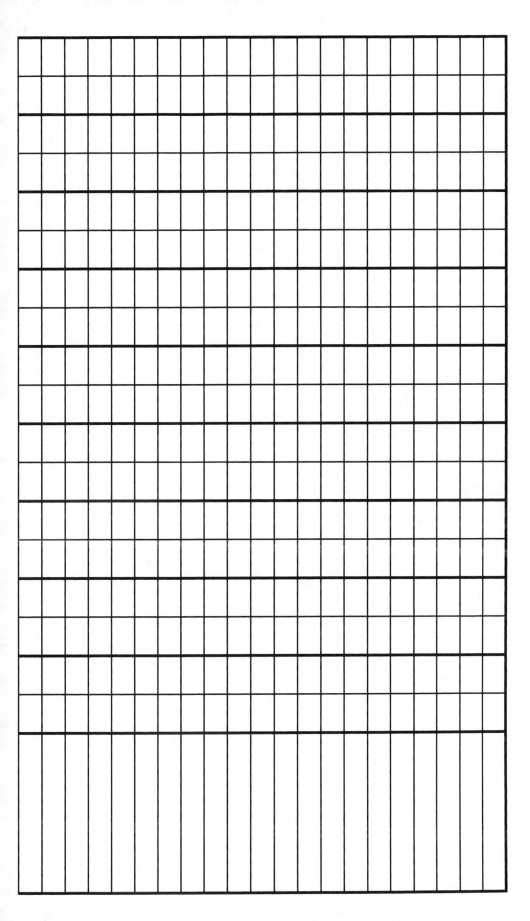

NOTES

NOTES